古典文獻研究輯刊

三　編

潘美月・杜潔祥　主編

第 **28** 冊

洪亮吉《意言》研究

吳 德 玲　著

國家圖書館出版品預行編目資料

洪亮吉《意言》研究／吳德玲著 — 初版 — 台北縣永和市：花
木蘭文化出版社，2006〔民 95〕

目 2+156 面；19×26 公分（古典文獻研究輯刊 三編：第 28 冊）

ISBN：978-986-7128-60-7（精裝）
ISBN：986-7128-60-5（精裝）

1.（清）洪亮吉－學術思想

127.5　　　　　　　　　　　　　　　　　95015503

ISBN 986712860-5

9 789867 128607

古典文獻研究輯刊　　　　　　ISBN：978-986-7128-60-7
三　編　第二八冊　　　　　　ISBN：986-7128-60-5

洪亮吉《意言》研究

作　　　者　吳德玲
主　　　編　潘美月　杜潔祥
企劃出版　北京大學文化資源研究中心
出　　　版　花木蘭文化出版社
發 行 所　花木蘭文化出版社
發 行 人　高小娟
聯絡地址　台北縣永和市中正路五九五號七樓之三
　　　　　　電話：02-2923-1455／傳眞：02-2923-1452
電子信箱　sut81518@ms59.hinet.net
初　　　版　2006 年 9 月
定　　　價　三編 30 冊（精裝）新台幣 46,500 元

洪亮吉《意言》研究

吳德玲　著

作者簡介

吳德玲：民國五十九年（西元 1970 年）生。

學歷：國立中興大學中文系畢業，國立中興大學中文所畢業，現為東吳大學中文系博士生。

服務機關：現為長庚技術學院通識中心專任講師。

碩士論文：洪亮吉《意言》研究，曾榮獲民國八十六年國科會乙等著作獎助。

曾發表的論文：〈洪亮吉的無神論思想〉、〈從師說、進學解看韓愈的教育思想〉、〈柳宗元永州八記的寫作特色〉、〈洪亮吉人口論研究〉、〈阮元教育經世之研究〉。

通過的研究計畫：阮元及經世之學研究、洪亮吉人口論研究、國文多樣性教學研究、序列比對在中文古籍活字印刷字體辨識之應用、〈伍子胥變文〉的故事轉變及人物特色。

提　　要

一、研究動機及方法：

　　洪亮吉是清代乾嘉年間著名的思想家，近代的學者們，對於洪亮吉的研究，大都以全面評價為主，對於洪亮吉重要思想的介紹，仍然未曾深入分析有所遺憾。因此，本文遂以洪亮吉的思想代表作《意言》為經緯，去開展研究的工作。且本文以自然觀、無神論、社會觀、人口論、人生觀五大論題為主軸，去歸納分析洪亮吉的思想觀點。

二、研究內容及結果：

　　第一章為緒論：說明本論文研究動機及研究方法。

　　第二章為洪亮吉的思想背景：本章以社會狀況、洪亮吉的人生經歷和個人特色三方面來加以探討。

　　第三章至第七章，則是分別論述《意言》中崇尚實際的自然觀、事實辯證的無神論、觀察敏銳的社會觀、憂患意識的人口論、以及遠見卓識的人生觀。

　　第八章為結論：說明洪亮吉《意言》中的思想核心，為「實」的結論。

謝　　誌

　　僅以此書獻給我一生力量的泉源與榮耀的歸趨——雙親大人，沒有你們二十多年來辛勞不悔、慈愛無私之教養，不能造就今日的我（希望在天之靈的父親，亦能了解女兒的心聲）。並衷心感謝恩師胡楚生教授三年來的諄諄教導，領導學生進入清代學術和論文寫作的學術領域；李威熊教授、何澤恆教授於論文口試中給予的寶貴意見；森林系呂金誠教授、應數系李德治老師給予的電腦指導；另外，中文所的師長們及中文系的江乾益老師、李建福老師、金貞姬老師，於論文寫作期間，也都提供豐富的學識線索和參考資料，感念在心，特此敬申謝意。至於家人們、學姊、同學好友、學弟以及學妹們於論文撰作期間的支持和鼓勵，讓本人能在溫情的滋潤下完成論文寫作，在此也由衷感謝。

　　三年來的學習，完成了《洪亮吉〈意言〉研究》這一篇論文，由於筆者的才疏學淺，因此，雖然立志發幽顯微、操觚著作，難免挂一漏萬，無法全面照應，尚請前輩學者，不吝賜教為幸。

吳德玲誌於興大怡軒　民國八十五年三月

洪亮吉（1746～1809）字稚存，號北江。江蘇湖人（今常州）人。經學家、史學家

註：此圖摘自蘇州大學圖書館編著《中國歷代名人圖鑑》瞿冠群、華人德執筆，上海書畫
　　出版社出版，頁 837

洪亮吉 　（公元 1746～1809 年） 　張廣繪

註：此圖摘自金春峰《中國古代著名哲學家評傳——洪亮吉》（續編四），齊魯書社出版，
　　西元 1982 年 9 月第一次印刷

思量人口之計　張廣繪

註：此圖摘自金春峰《中國古代著名哲學家評傳——洪亮吉》(續編四)，齊魯書社出版，
　　西元 1982 年 9 月第一次印刷

飛白書幅

洪亮吉（一七四六—一八〇九），原名禮吉，字稚存，號又蛣，世稱北江先生，陽湖（今江蘇常州）人。能書，篆法李陽冰，兼工隸書。並能畫，偶一為之，書卷之氣，溢於楮墨。卒年六十四。

翠羽禽名都見百花心誰憐

暖只惜襄翁續雪侵靡世高完

身後甫盡尋平圆徐圆為寬天百雷兩前家坐

煙阜坐闥勞從月古今

（款識文字）

洪亮吉書

篆書七言聯

簡介：清・洪亮吉書。紙本。篆書。七言聯一則。凡上下聯正文十四字，款三字。刊於《歷代楹聯名跡》。

目

錄

第一章　緒　論

第一節　研究動機

　　洪亮吉，字君直，一字稚存，號北江，晚年改號更生，清江蘇常州陽湖人。生於乾隆十一年，卒於嘉慶十四年（1746～1809），享年六十四歲。洪亮吉博通經史，工於詩文，旁及音韻訓詁，尤精地理沿革，是清乾嘉年間著名的詩文家、經學家、史地學家、小學家、思想家，可見洪亮吉在清代自有其不可泯滅的地位和成就。

　　洪亮吉既有不可取代的學術地位，然而後代眞正認識其價值並爲之顯揚者，則屬鳳毛麟角。梁啓超的《清代學術概論》及《中國近三百年學術史》，錢穆的《中國近三百年學術史》，均幾少提及。學者們對於「洪亮吉的研究」，如張蔭麟的〈洪亮吉及其人口論〉﹝註1﹞；陳柱的〈洪北江哲學〉﹝註2﹞；林逸的〈洪亮吉（北江）及其人口論〉﹝註3﹞；杜蒸民的〈洪亮吉和他的《意言》〉﹝註4﹞；嚴明的《洪亮吉評傳》﹝註5﹞；陳金陵的《洪亮吉評傳》﹝註6﹞等的出現，皆已表示後代學者逐漸重視洪亮吉的研究。然而，前述學者他們的研究，大都以全面評價爲主，他們雖各自有其研究展現，然對於洪亮吉思想的介紹，仍然有所遺憾。因此，本文欲彌補此一缺

﹝註1﹞見張蔭麟，〈洪亮吉及其人口論〉（載刊於《東方雜誌》第二十三卷二號，1926 年 1 月），頁 69～73。

﹝註2﹞見陳柱，〈洪北江之哲學〉（載刊於《東方雜誌》第二十四卷第九號，1927 年 5 月），頁 37～49。

﹝註3﹞見林逸著，《洪亮吉及其人口論》（台北：台灣商務印書館出版，1979 年 9 月初版）。

﹝註4﹞見杜蒸民，〈洪亮吉和他的，《意言》〉（載刊於《安徽史學》第一期，1984），頁 47～52。

﹝註5﹞見嚴明，《洪亮吉評傳》（台北：文津出版社出版，1993 年 2 月初版）。

﹝註6﹞見陳金陵，《洪亮吉評傳》（北京中國人民大學出版社出版，1995 年 1 月初版）。

憾，遂以洪亮吉的思想爲經緯，去開展研究的空間。

洪亮吉身爲清乾嘉著名的學者，是一位百科全書式的讀書人，因此，作品可謂是汗牛充棟，舉凡經、史、子、集四部皆有，如經部有《毛詩天文考》一卷、《春秋左傳詁》二十卷、《傳經表》《通經表》各二卷、《六書轉注錄》十卷、《漢魏音》四卷、《比雅》十卷；史部有《補三國疆域志》二卷、《東晉疆域志》四卷、《十六國疆域志》十六卷、《乾隆府廳州縣圖志》五十卷、《四史發伏》十卷、《歷朝史案》三十卷；子部有《弟子職箋釋》一卷；集部有《曉讀書齋雜錄》八卷、《玉塵集》二卷、《伊犁日記》一卷、《天山客話》一卷、《外家紀聞》一卷、《附鮚軒詩》八卷、《唐宋小樂府》一卷、《兩晉南北史樂府》二卷、《卷施閣集》四十一卷、《更生齋集》二十八卷、《更生齋詩餘》二卷、《北江詩話》六卷等等。這些作品，證明洪亮吉不愧爲清乾嘉年間詩文、史地、詞章、考據的著名學者，然而最值得一提的是，洪亮吉亦是一位思想家，《卷施閣文甲集》中的《意言》二十篇，便是反映洪亮吉哲學思想的主要著作。

《意言》是洪亮吉乾隆五十八年（1793）的作品，是一組議論散文，包括〈父母〉、〈生死〉、〈百年〉、〈禍福〉、〈剛柔〉、〈治平〉、〈生計〉、〈百物〉、〈命理〉、〈鬼神〉、〈天地〉、〈夭壽〉、〈仙人〉、〈喪葬〉、〈好名〉、〈守令〉、〈吏胥〉、〈文采〉、〈眞僞〉、〈形質〉等二十篇，所論內容廣泛，涉及哲學、世風、吏治、社會、經濟等各種問題，是洪亮吉用心觀察、深刻體會的入世見解。洪亮吉本人十分重視這一組論說，生前編《卷施閣文集》時，就特意將此二十篇置於卷首〔註7〕。由此可見《意言》的重要性。不過，近代的學者們專門研究《意言》的作品，並不多見。因此，本論文便以《洪亮吉〈意言〉研究》爲題，探究洪亮吉的思想天地，闡發洪亮吉的思想內容。

第二節　研究方法

許慎《說文解字》述：「意者，志也。」段玉裁注：「志者，心所之也。」〔註8〕可見「意言」二字，無疑是述說個人心中的志向，亦即是內心的獨白。洪亮吉《意言》二十篇的命名似乎也正同此意。何以言之？在此做一追本溯源：洪亮吉，乾嘉

〔註7〕見洪用勲等編撰，《洪北江（亮吉）先生遺集》（一）（台北：華文書局出版，1969），頁161。

〔註8〕見段玉裁撰，《說文解字注》（漢京文化事業有限公司出版，1983年9月28日初版），頁92。

時人，六歲喪父，隨母寄居外家，外家亦貧，故其是在刻苦的環境中成長。乾隆五十五年，亮吉四十五歲考中進士後，授翰林編修，派充國史館纂修官，三年後（乾隆五十八年）洪亮吉出任貴州學政，心有所感，《意言》二十篇便油然而生。而《意言》創作的原因，可就兩方面觀之：一方面（遠因）是洪亮吉從小生活困苦，故深知百姓窮苦的痛楚；另一方面（近因）在受命督學貴州、千里赴仕途中，他見饑荒遍野、滿目蕭瑟，心情就非常沈重，自覺身為朝廷命官，有責任揭露吏治弊病、反映百姓疾苦，於是到達貴州後，遂有《意言》二十篇的創作。由上可知，《意言》正是洪亮吉觀察社會、心有所感的創作，可說是其內心的獨白。因此了解《意言》二十篇，便可了解洪亮吉個人的內心世界。所以了解《意言》，便是本文的研究目標。而如何讓《意言》思想鉅細靡遺地呈諸讀者面前，更是本文的重要任務。

筆者進行論文撰作，發現洪亮吉在學術上實有不容忽視的地位後，便將論文的焦點置於洪亮吉的身上。經徹底研讀《意言》二十篇原文，發現洪亮吉便是以精要的兩字元來概括論述主題，諸如〈父母〉、〈生死〉、〈百年〉、〈禍福〉、〈剛柔〉、〈治平〉、〈生計〉、〈百物〉、〈命理〉、〈鬼神〉、〈天地〉、〈夭壽〉、〈仙人〉、〈喪葬〉、〈好名〉、〈守令〉、〈吏胥〉、〈文采〉、〈真偽〉、〈形質〉等等。因此，本文便以自然觀（〈父母〉、〈百物〉、〈夭壽〉、〈仙人〉）、無神論（〈鬼神〉、〈禍福〉、〈天地〉、〈命理〉）、社會觀（〈守令〉、〈吏胥〉、〈喪葬〉、〈形質〉）、人口論（〈治平〉、〈生計〉）、人生觀（〈生死〉、〈百年〉、〈剛柔〉、〈文采〉、〈真偽〉、〈好名〉）五大論題為主軸，去統整歸納洪亮吉的思想觀點，期盼能將洪亮吉《意言》思想作一系統且全面的介紹，進而讓讀者了解洪亮吉思想的脈絡及其思想核心。

《意言》雖是短短的二十篇，但內涵義理卻是包羅萬象、涵意深遠，可說是洪亮吉終其一生個人的精華思想，同時也是他個人的人生哲學。所以只要深入《意言》世界，不但可以了解洪亮吉這位學術大師，更可藉由他抒發的觀點，反省諸己、去蕪存菁，深信不論對國家、社會等的大環境，甚至家庭、個人的小環境，都將會有意想不到的收穫和助力。這也就是本論文最終的目標和筆者最深的期望。然筆者雖有如此遠大的理想和抱負，卻受限於筆者才疏學淺，因此雖立志發幽顯微、操觚著作，難免挂一漏萬，無法全面照應，敬請前輩學者，不吝賜教。

第二章　洪亮吉的思想背景

　　學者治學，常受時代背景及其人生經歷的影響，對於此點洪亮吉亦不例外。故本文探究其學術、思想的特色，首先就從亮吉所處的乾嘉時代之政治、社會、學術的環境做一探討。其次，再就亮吉個人人生經歷做一介紹。

第一節　社會狀況

　　不同的家庭環境會塑造出不同個性的人，不同的時代環境往往也會塑造不同的思想家，可見時代背景和思想家的思想有非常密切的關係。故在此先略述洪亮吉所處乾嘉時代的社會狀況。

一、政治環境：由盛轉衰、貪污成風

　　清室以異族入主中國，統治極富民族意識之漢人，其國祚長達二百六十八年。蓋清初諸帝均具雄才，鴻謀遠略，順治、康熙、雍正採取輕徭薄賦、與民休息等的政策，無非為了醫治明末戰火的創傷。而且又不遺餘力招集流民、獎勵開墾、蠲免賦稅，小心翼翼地謀求國家的穩定和匡復，經過四、五十年的休養生息，到康熙中葉以後，社會生產力的恢復與發展已很明顯。據《清實錄經濟史資料》所載：

> 順治八年（1561）不過一〇六三萬「丁口」，康熙末年（1712）也不過二四六二萬「丁口」，折合約為五三一五萬和一〇三一〇萬「人口」左右，到乾隆六年（1741），「大小男婦」便達一四三四一萬人，乾隆二十七年（1762）二〇〇四七萬人，乾隆五十五年（1790）達三〇一四八萬人〔註1〕。

〔註1〕見陳振漢等編，《清實錄經濟史資料》（順治至嘉慶朝），（北京大學出版社出版，

由上述引文可知，乾隆初年，朝廷賑籍上登記的人數突破了一億大關，乾隆中葉已超過二億，至乾嘉之交，竟到達三億以上。短短的六、七十年，人口卻增加了兩倍多，超出任何一個時代，沒有一定的社會經濟繁榮，那是不可想像的。而且繁榮富足的社會必須持續成長才能容納與日遽增的人口。然而承接順、康、雍的乾嘉時期並非繼續富足強大，相反地卻是由盛轉衰的轉折期。

乾隆皇帝一向好大喜功，一生雖然做了幾件有利於社會經濟發展的大事。然而乾隆中葉以後，在奢侈腐化、巧奪豪取的社會形勢下，作為清朝鼎盛時代的最高統治者，不是著力解決社會的主要問題，而是長於安樂、習於驕奢、遊山水成性、嗜園林成癖，又縱姿聲色，鋪張無度。歷史上有名的「乾隆南巡」就是確證〔註2〕。於是國家多年累積起來的物質財富，就這樣大量地被高宗和皇室揮霍掉了。乾隆帝和皇室的恣意揮霍及錦衣玉食般的生活，也促使整個社會風氣由儉向奢轉化。統治者的奢侈生活，遂造成政權機構中吏治敗壞、貪污成風。

嘉慶以後，吏治之風更加腐敗。嘉慶初年，畢沅任兩廣總督，福寧任廣東巡撫，陳淮任廣東布政使，三人朋比為奸，都是貪得無厭的官吏。「畢（沅）性迂緩，不以聽政為事；福（寧）陰刻，廣納苞苴；陳（淮）則摘人瑕疵，務使下屬傾囊解囊而後免。」當時人罵他們「畢不管，福要錢，陳倒包」〔註3〕等的現象都可讓我們深知洪亮吉所處乾嘉年間的政治環境，正是清代由盛轉衰、貪污成風的時期。這樣的時局，面對與日遽增的人口，自然無法承受，遂產生許多社會問題。

二、社會環境：問題叢生、人民困苦

清軍入關之初，經過順治、康熙、雍正到乾隆前期一百多年的發展，清朝已是政通人和，百廢俱興，出現了一個繁榮的鼎盛局面。然而，這鼎盛局面延續到乾隆中期便開始走下坡，同時許多社會問題自然愈趨嚴重。（下文參見徐凱、李尚英、劉秀生、陳長年《中國清代政治史》）

（一）、土地兼併嚴重，農民流離失所

1989），頁132～136。

〔註2〕乾隆南巡，就是指乾隆帝從乾隆十六年到四十九年止，先後六次南下江浙的活動。六次南巡，耗資驚人。另外，乾隆帝還大肆興修土木，修建宮殿、園林。例：圓明園在雍正時已有二十八景，乾隆初擴建為四十景。見徐凱、李尚英、劉秀生、陳長年，《中國清代政治史》，載刊於史仲文、胡曉林主編，《中國全史》百卷本（北京人民出版社出版，1994年4月北京第一版），頁112～113。

〔註3〕見徐珂，《清稗類鈔第十二冊·譏諷類》（台北：台灣商務印書館出版，1983年二版）。

清朝定都北京，滿族貴族和漢族地主階級爲了鞏固和擴大自己的政治、經濟勢力，運用各種手段拼命掠取土地。康熙時，北方七省土地已多歸縉紳豪富之家，有土地的農民只佔十分之三四，其餘均淪爲佃農。江南土地兼併的激烈程度更堪稱全國之首。大學士徐乾學在家鄉昆山縣竟占四千餘頃。當地有一句諺語：「百年田地轉三家」，乾隆時已變爲「十年之間，已易數主」充分說明土地兼併的激烈程度。乾嘉之際，地主占有土地的數目更達到了驚人的程度。軍機大臣和珅佔地八千頃，直隸懷柔縣一個赫姓大地主佔有萬頃膏腴之地。許多封疆大吏、藩臬守令在任期間，都將搜刮的錢財，在家鄉增產置地。另外，高利貸者也憑藉自己手中的大量貨幣，大放高利貸，以重利盤剝的方式掠取土地。土地兼併的發展，使土地日益集中在土地、富戶手中，地價隨之不斷上漲，如此一來，必然造成大批農民無以維生，流離失所，或逃亡他鄉。

（二）、地租高昂、差徭繁重

廣大農民失去土地以後，大部份淪爲佃戶和佣工，於是地主、富戶便乘機提高地租率。到乾隆、嘉慶時期，佃戶一般都要收穫物的一半交給地主、富戶。但實際上，由於農民破產後，大都需租借耕具和籽種，以致要將全年收穫物的三分之二（有些地方甚至達到四分之三）交給地主、富戶。

農民淪爲佃戶除了需繳地租外，廣大農民還要受到朝廷和地方政府的徭役、土貢等名目繁多的剝削。例如，京畿和直隸的差徭，向來有大差和雜差兩項，一概攤派於民。從表面上看，有按牛驢派的，有按村莊派的，有按牌甲戶口派的，也有按地畝派的。但由於地主階級可以用隱匿土地或其他辦法逃避攤派轉嫁於農民，無地少地的貧苦農民就不能不承擔起繁重的差徭。如此沈重的差錢，只能逼迫貧苦農民賣田宅及其妻子，這必然會使社會問題日趨嚴重。

（三）、自然災害頻仍，人民生活困苦

當清廷處在上升至鼎盛時期，由於統治者採取了發展生產和救荒賑災等有效措施，人民的負擔有所減輕，社會也會相對安穩；但當吏治腐敗、統治者驕奢淫逸和貪婪殘暴的惡性發展時，自然災害在人爲的作用下就愈益加重，人民生活也會更加困苦。這樣的典型事例不勝枚舉。例如，嘉慶六年（1801），北京大雨連綿，永定河水急遽漲發，直隸所屬各州縣民田廬舍多半被淹。嘉慶帝雖再三下諭旨賑濟災民，然而地方官卻陽奉陰違，乘機貪污，或侵肥入己，或假手吏胥，從中冒濫，各地饑民領賑者不過十之三四。朝廷每發賑品一次，胥役就利用下鄉登造冊之機大索錢文。農民如無處挪借，只得束手待斃；能挪借者，又遭到胥役的百般刁難。無依無靠的

鰥寡孤獨者屢屢餓死溝壑。

（四）、人口急劇成長，耕地不足，人民食不飽腹

乾隆時期，隨著社會承平日久，人民生活相對安定，人口也急劇增長。據記載，康熙平三藩以後，人口只有七千萬；乾隆初年，人口增長到一億四千萬，至乾隆五十五年（1790），人口達到三億。一方面人口劇增，另一方面由於土地兼併的激烈，耕地面積愈來愈少，致使米價上漲幅度愈來愈大。例如，江南蘇州、松江、常州、鎮江四府，在康熙四十六年（1707）前，每升米價值七文，雍正和乾隆初期也不過十餘文，到乾隆五十七年當地大旱時竟增至六十文，幾十年間米價竟上漲了六、七倍之多。米價的急劇上漲，給地主、商人囤積居奇謀取暴利提供了機會，反過來更加促使貧苦人民食不飽腹，有些人甚至以野菜、樹皮等充飢。

總之，乾隆中葉以後，貧者愈貧，富者愈富。貧苦人民備嘗了艱辛、苦難，失業農民流離失所，飢民遍地，人民生活也日漸困苦，社會問題日趨嚴重。

三、學術環境：政策使然、考據盛行

清室以異族入主中國，統治極富民族意識之漢人，其統治手段，即採懷柔與高壓並行之策，一面籠絡士子，收買人心；一面又大興文字獄，期將漢人仇清復明之民族思想，消滅於無形。

迨高宗即位，仍續屬行其懷柔高壓之策。於懷柔上，除以科舉功名為餌，牢籠士大夫者外，復以獎勵學術，稽古右文為名，召集文人，編纂巨籍，以消磨文士之歲月精力，其最著者，當為乾隆三十八年（1773）開館纂修之四庫全書。該書以紀昀等為總纂官，而參預其事者三百餘人，皆為當時名家學者。至乾隆四十七年（1782）全書告成，計三千四百七十部，七萬九千一十六卷〔註4〕。繕寫七部，分藏各地。然高宗之修四庫全書，又欲藉修書之名，大量搜求遺書，凡有不利於清廷者，皆加以焚燬，以根絕漢人之排滿思想。學者處異族淫威之下，動輒得咎，言論思想均失自由，士人為明哲保身，遂不敢稍涉時忌，於是不得不移其精神，專心致力於經史考證之學，此實乾嘉漢學鼎盛之因素。洪亮吉生於乾嘉時代，目睹時局，感觸良深，激發蘊量，終而形成《意言》二十篇的思想代表作。

〔註4〕見蕭一山，《清代通史》第一篇，〈四庫全書之纂輯〉云：「總計存書：三千四百七十部，七萬九千一十六卷……部數、卷數、冊數、函數各書所記均有不同，即一閣中數目亦有異。」，（台北：台灣商務印書館出版，1962年9月台一版），頁53。

第二節　人生經歷

本文研究洪亮吉《意言》思想，首先對洪亮吉個人生平及人生經歷作一全盤了解，然後進而深入了解其思想。

洪亮吉，生於乾隆十一年（1746）九月初三日，卒於嘉慶十四年（1809）五月十二日，葬於武進縣德澤鄉前橋祖塋，享年六十四歲〔註 5〕。一生經歷頗為蹉跎坎坷，按其人生遭際的升降沈浮，大致可分為以下四期。

一、寄居外家、求學奠基

洪亮吉本家是一書香門第〔註 6〕。祖上本居安徽歙縣洪坑，曾祖父洪璟，康熙三十七年拔貢生，累官山西大同知府，頗有好名聲。祖父洪公寀，以國子監生考授直隸州同知，贅於常州趙氏，遂遷居焉。父親洪翹，國子監生，娶武進蔣氏為妻，壯歲即卒於返鄉舟次，景況甚為落拓淒涼。而且，洪家因「追賠先曾祖大同城工核減帑項，田產悉入官」〔註 7〕，等到亮吉六歲，其父去世時，洪家已無房可居。次

〔註 5〕見林逸編著，《清洪北江先生亮吉年譜》（台北：台灣商務印書館出版，1981 年 10 月初版），頁 240。

〔註 6〕洪亮吉家族世系表：

始祖為春秋時弘演……初唐時監察御史洪察（常州人，本姓弘氏，避孝敬諱，改姓洪）→洪子興→洪經綸（官至宣歙觀察使）傳三十六世……→明末洪德建（封中憲大夫）四世祖→洪璟（官至大同知府）曾祖→洪公寀（考授直隸州知府）祖父→洪翹‧父。

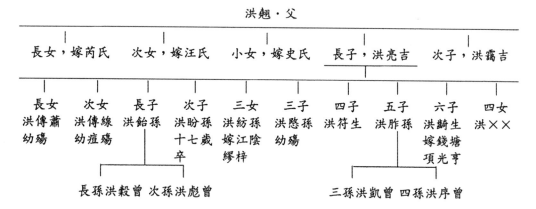

備註：此圖表資料摘自嚴明《洪亮吉評傳》（台北：文津出版社出版，1993 年 2 月初版），頁 223～224。

〔註 7〕洪亮吉，《卷施閣文乙集卷七‧南樓憶舊詩序》，載刊於洪用勲等編撰，《洪北江（亮吉）先生遺集》（二），（台北：華文書局出版（下引洪用勲等編撰，《洪北江（亮吉）

年，因貧無所依，隨母暨三姊一弟投靠外祖母家。亮吉的外祖母家當時是一個人丁興旺的大家庭，外祖父曾任雲南嶍峨縣令，生平喜購書，藏書數千卷，並且著《新稗類雋》十卷。洪亮吉在外家讀書，於此受益不少。然而外家並未提供富貴容華的物質生活。相反地，當時外家也在走下坡，經濟上亦不富裕。亮吉母親爲減輕娘家負擔，遂率諸女勤女工自給。且爲了積攢脩脯錢，供亮吉繼續就讀，每每日夜趕紡，節食省衣。亮吉在母親辛苦呵護及栽培下，居於外家開始他的求學生涯。其《外家紀聞》寫道：「外家課子弟極嚴，自五經四子書及制舉業外，不令旁及。自成童入塾後，曉夕有程，寒暑不輟。夏日別置大甕五、六，令讀書者足貫其中，以避蚊納。」〔註 8〕在這樣的環境中學習，他從小所受到的知識訓練是深厚紮實的。據呂培〈洪北江先生年譜〉〔註 9〕記載，他四歲開始認字，五歲從師讀〈大學〉〈中庸〉，六歲讀《論語》，八歲讀《孟子》，九歲讀《詩經》，十一歲讀《尙書》，十二歲讀《禮記》，十三歲讀《周易》並開始學作詩，十四歲讀《左傳》，十五歲讀《史記》《漢書》等漢代文章，十六歲讀唐宋文章，十七歲讀《公羊傳》《穀梁傳》，開始學作古文，十九歲讀唐宋文，學作駢文……。這樣，直到二十歲在外家團瓢書屋設帳授經時爲止，連續十幾年的讀書過程中，洪亮吉先後拜師十幾人（如下表），學習內容包括了經史子集各部分，洪亮吉也逐漸養成了勤奮求學、刻苦鑽研的學習作風，孜孜矻矻、博覽群書，在《外家紀聞》曾述其具有「典盡春衣愛買書」〔註 10〕的讀書態度，並爲他將來的學術研究和文學創作，打下了深厚紮實的知識基礎。

洪亮吉啟蒙教育一覽表

年　紀	年　代	師　長	學　習　範　圍
四歲	乾隆十四年	伯姊	識字
五歲	乾隆十五年	季父（希季）	大學、中庸
六歲	乾隆十六年		論語

先生遺集》版本並同）），頁 903～906。

〔註 8〕見洪亮吉，《外家紀聞》（載刊於洪用勲等編撰，《洪北江（亮吉）先生遺集》（一八）），頁 10575。

〔註 9〕見呂培，〈洪北江先生年譜〉（載刊於洪用勲等編撰，《洪北江（亮吉）先生遺集》（一）），頁 15～26。

〔註 10〕同註 8，洪亮吉，《外家紀聞》中曾述：「余十八歲在外家授徒，得暇，輒喜吟詠。又苦無書可讀，曾私質棉抉衣數事，市本朝人詩集三、四種。太宜人覓衣不得，曾痛答之不得已，斷機中布齎去爲一一贖歸。此乾隆甲申事也。巡檢二兄常有贈余詩云：『典盡春衣愛買書。』」，頁 10584。

七歲	乾隆十七年	莊觀五	私塾
八歲	乾隆十八年	惲銘（惲牧菴）	孟子
九歲	乾隆十九年	黃敬菴（黃朝俊）	孟子、毛詩國風
十歲	乾隆二十年	黃敬菴（黃朝俊）	毛詩
十一歲	乾隆二一年		尚書
十二歲	乾隆二二年	（岳介錫）	禮記
十三歲	乾隆二三年	表兄（蔣肇）	禮記、周易、始學作詩
十四歲	乾隆二四年	董獻策（董舒傳）	春秋左傳制舉文半篇
十五歲	乾隆二五年	唐麟臣（唐爲垣）	左傳、史記漢書、雜文制舉文全篇
十六歲	乾隆二六年	繆映藜（繆謙受）	唐宋雜文制舉義
十七歲	乾隆二七年	荊廷緯（荊汝翼）	公羊、穀梁制義舉、始識作法、學作古文
十八歲	乾隆二八年	唐麟臣（唐爲垣）	制舉義
十九歲	乾隆二九年	余苣貽（余豐先）	唐宋古文 制舉義、始學爲駢體文
二十歲	乾隆三十年	舅氏（曙齋）	問業
二二歲	乾隆三二年	時月圃（時元福）	制舉作文法
二二歲	乾隆三二年	邵齊燾	受業

註：此表根據呂培〈洪北江先生年譜〉一文資料製成

二、功名不第、得志幕府

在清代，貧寒之士，唯有通過攀登科舉考試的階梯，方能取得做官的資格，獲得較高的政治、社會地位。洪亮吉十幾年艱苦的求學生涯，亦即是想藉科舉之途，擺脫生活困境，振興家業。然而，洪亮吉的考途，則是坎坷不順、步履艱難的。

他十六歲開始應童試，落第。二十一歲捲土重來，仍是名落孫山。二十二歲時已經三應童子試而不售。但他仍不甘心，「遂借寺庵清靜僧房一間，閉門獨坐，發憤苦讀，『每夜輒至三鼓』。僧徒厭之，托言有賃宅者，將其趕到庵房土室中，上漏下濕，北江卻居之晏然。」〔註11〕蒼天畢竟不負苦心人，過了兩年，二十四歲的他總

〔註11〕同註5，頁16。

算以縣試第二、府試第三、院試第八，補上了陽湖縣學附生，跨入了一介書生的行列。然而，要想跨過科舉之途的第二門坎——中舉，就更難了。在之後的十年內，他五應鄉試，吃盡場屋之苦，從青年考到中年，從江南考到京師，最後在「屢困場屋，不復有進取心」〔註12〕的情形下，卻陰錯陽差地中了舉了。如此蹉跎的科舉之途，給亮吉帶來了沈重的精神壓力，也造成了生活的持續貧困。他二十歲在家鄉開始設帳授徒，歲得少許修脯錢。後改館仲姐夫汪氏家，收入才有所增加，但仍是入不敷出，無法脫離貧困的生活。所以由亮吉一生四應童子試，五應鄉試，五應會試三十年的歷程（如下一覽表），本身就點明了學子科試的艱困。

洪亮吉科舉考試一覽表

科試名稱 ＼ 次數	第一次	第二次	第三次	第四次	第五次	及第結果
童試	十六歲（乾隆二六年）不第	二十一歲（乾隆三一年）不第	二十二歲（乾隆三二年）不第	二十四歲（乾隆三四年）及第		以縣試第二、府試第三、院試第八補陽湖縣學附生（秀才）
鄉試	二十五歲（乾隆三五年）不第	二十六歲（乾隆三六年）不第	二十九歲（乾隆三九年）不第	三十四歲（乾隆四四年）不第	三十五歲（乾隆四五年）及第	中第五十七名舉人
會試	三十六歲（乾隆四六年）不第	三十九歲（乾隆四九年）不第	四十二歲（乾隆五二年）不第	四十四歲（乾隆五四年）不第	四十五歲（乾隆五十五年）及第	中第二十六名（貢士）
殿試	四十五歲（乾隆五五年）進士及第					以條對詳明，讀卷大臣，進呈第一，欽定第一甲第二名，授職翰林院編修（榜眼）

註：此表根據林逸先生《清洪北江先生亮吉年譜》一書資料製成

〔註12〕同註5，頁33。

　　洪亮吉致力於科舉考試凡三十年，應考以來，每隔十年左右，榜上才有名。由此可見他的考運並非一帆風順，相對地需要相當的耐力和毅力來支持的。乾隆三十六年，亮吉二十六歲時，投奔朱筠門下，進入安徽學署，此舉對亮吉一生實有深遠的影響。因為洪亮吉和朱筠有許多相同處，亮吉奇氣縱橫，深受朱筠賞識，他儘管鋒芒畢露，好與人爭辯，但與朱筠卻能談話投機，一見如故，在朱筠府中，亮吉覺得逢遇知音，心情非常愉快，更何況當時安徽學署中，名宿雲集、高朋滿座，著名者如戴震、章學誠、邵晉涵、王念孫等人，俱整日與洪亮吉一起校閱經史、商討疑義〔註13〕，亮吉由是交遊益廣，讀書甚博，識解益進，他在學術研究方面的才能得到了初步地顯露，也正是師友的影響下，亮吉開始了在學術領域上的研究。由此可知洪亮吉雖失意於科場，然而卻能得志於幕僚。

　　乾隆四十五年，洪亮吉三十五歲，第五次應鄉試，高中第五十七名舉人。次年三月，他一鼓作氣應禮部試，闈中已定作江南第二本，然最終還是被某軍機中書開後門擠掉位置，以致落榜〔註14〕。正是令人愁悵之時，好友孫星衍從西安來信，言陝西巡撫畢沅傾慕相邀之意，亮吉遂決意離京西行，投奔畢府。陝西巡撫畢沅本人以名宦兼學者，在經史研究及組織大型學術活動方面頗有才能。聞知洪亮吉抵達西安時「倒屣以迎，翌日遂延入書署」〔註15〕。他非常看重亮吉的才華，遂對洪孫兩人極為欣賞、格外優待。正因為得到了畢沅的優厚禮待，洪亮吉一家才擺脫了貧困的騷擾。因此在節署期間，洪亮吉得以有較為充裕的經濟收入養家，又有較為穩定的環境、充足的時間、優越的圖書條件來研究學問，為此他對畢沅感恩終身。所以洪亮吉進入畢沅幕府，可說是他人生中一大關鍵。在畢沅幕府期間，他幫助畢沅校訂古書，又替陝豫各縣撰修方志。總之，他是踏踏實實地幫畢沅出謀劃策，分擔繁瑣政務。

　　由上可知，亮吉辛勤苦讀致力於科舉考試雖諸多不順，然而在偶然的機會及命運的安排下，使他進入幕僚時期（朱筠、畢沅……），卻能在幕府中潛心書海、鑽研學問，同時還結交許多名師摯友，增廣見聞。也可說是「塞翁失馬焉知非福」了。

三、仕宦生涯、起落甚大

　　洪亮吉十年寒窗苦讀，雖不能一舉得第，卻使他有進入幕府發展的機會。然而

〔註13〕同註5，頁21。

〔註14〕同註9，呂培，〈洪北江先生年譜〉中述：「（乾隆）四十六年三月，應禮部試。本房山陰王編修增閱卷，呈薦闈中已定作江南第二本矣。固始吳副憲玉綸為副總裁，旋以軍機中書汪君學金卷易之。」，頁45。

〔註15〕同註9，頁46。

身居幕僚，並未銷磨他科舉得第、爲民服務的上進心，反而再接再厲地參加考試，所謂「皇天不負苦心人」，終於在乾隆五十五年，洪亮吉四十五歲時殿試，高中榜眼，功成名就，尋授職翰林院編修，派充國史館纂修。

洪亮吉自四十五歲授職翰林院編修後，便在京供職。二年後，派充順天鄉試同考官，在闈中奉視學貴州之命，於是在乾隆五十七年（1792），懸命前往貴州，南下赴任。貴州地處西南，民風強悍，教育落後。爲了改善這一狀況，洪亮吉不辭辛勞，訪州走縣、盡心盡力，而且又捐俸金助諸生膏火及購置書籍。就在洪亮吉等人的辛勤開拓、悉心引導下，原本還是學術空白區的黔貴地區，文人漸多，甚至不數年，所拔高才生，皆中舉得官。這無疑是洪亮吉用心經營的結果，舉世共賭。正因爲如此，三年學政期滿後，亮吉返都復命，貴州學子百里相送，戀戀不捨，督撫也密摺陳奏其政績聲名，以爲「清廉愛士，數十年所未有。」〔註16〕所以，三年貴州學政，可說是洪亮吉一生中最春風得意之時。

洪亮吉基於他早年長期貧困的生活和科場失意，使他自幼養成關心人民生活，並對國家社會有較高的憂患意識。步入仕途之後，所見所聞有增無減，因此這分憂患意識更加提高，使他在其仕宦生涯中針對現實完成三種重要的議論文──《意言》、〈征邪教疏〉、〈極言時政啓〉。這三種議論文，都是他目睹時局的心得，可說是決定他人生轉折的重要關鍵，現述說如下。

首先，在受命督學貴州、千里赴仕途中，他見到飢荒遍野、滿目蕭瑟，洪亮吉目睹此況，心情自然十分沈重，深覺身爲朝廷命官，有責任揭露現實社會的弊端，反應人民生活的疾苦。於是抵達貴州，便寫下了《意言》二十篇，暢談心事。這二十篇所論，篇篇針對現實社會的人、事、物狀況而論，抒發所見及心得，盼能糾弊返正。

乾隆六十年，當洪亮吉任滿貴州學政，由黔返京途中，他穿過苗民民亂〔註17〕的戰區，眼見橫屍遍野，民不聊生的悽慘情景。回到京師，卻見朝廷百官不關心社會時局，沒有人致力於改善民生，解救危難的同胞，亮吉遂產生了極大的感慨和憤慨。嘉慶初年白蓮教民亂在鄂豫陝蜀毗連地區如星火燎原的展開〔註18〕，洪亮吉眼

〔註16〕同註5，頁176。

〔註17〕有關「苗民民亂」事件的始末如下：

「湖南、貴州接壤之處，自古就是苗猺的聚居所在，……清廷設府縣治理其地。然而流官常以細故而株及全部苗寨，而漢民移植其地的，日漸增多，且與苗民相處不睦，於是苗民以驅逐漢民復故土爲由，在乾隆六十年，發難於貴州的銅仁……直到嘉慶四年，專任傅鼐總理苗疆事務，情勢才大爲改觀。」見陳捷先，《明清史》（台北三民書局出版，1990年12月初版（下引，《明清史》版本並同，）頁396～397。

〔註18〕有關「白蓮教民亂」事件略述如下：

「乾隆三十九年，山東教民王倫，以治病練拳，號召黨徒，八月中起事，攻城殺官，

見天下日益動盪，滿懷經世除弊之策，卻受限於翰林文官的無言事之責，深深惋惜自己不能投筆從戎，報效朝廷。嘉慶三年，亮吉五十三歲，朝廷大考翰詹諸員，出題爲「征邪教疏」，亮吉當然義不容辭地參加，他「於疏內力陳內外弊政，呈數千言……，情詞剴切，閱卷者皆動色。」〔註19〕此疏一上，朝廷震怒，原來皇帝出此題目，不過是有名無實，試用〈征邪教疏〉來鎮壓在川楚陝之農民起義，希望參考者提出鎮壓的辦法。但是，洪亮吉不但未迎合此一旨意，反而指斥釀成這次農民大起義，完全是執政者的缺失（「賦外加賦，橫求無藝」）〔註20〕的結果，洋洋灑灑寫了數千言，且疏中提法尖銳，措辭激烈，使當局實在尷尬萬分。所以此疏「初擬二等前列，旋置三等二名」〔註21〕。這無疑是要給洪亮吉一次警告，然而洪亮吉卻未發覺，只是深感此疏一出「每有京邸宴集，居諫垣者必引避。」〔註22〕在這種壓抑的氣氛中，洪亮吉在京備感難受，因準古人期功之喪去官制，陳情引疾，乞假南回，告老歸鄉。

　　洪亮吉原想從此在江南故鄉度過餘生，那知次年（嘉慶四年）春天乾隆帝逝世，他循例奔赴京師，隨班哭臨。隨後又被派充實錄館纂修官，承纂乾隆實錄的第一分冊，接著又充任該年會試磨勘官、殿試受卷官，並奉旨教習該科庶吉士張惠言等十四人〔註23〕。滯留京師期間，儘管公事緊張繁忙，但動盪的時局，紛至沓來的軍事消息，卻再一次激發起洪亮吉高度的政治責任心。後來，他在不斷得知秦隴蜀地兵火不歇的原因仍在於「奈何諸大吏，敷告尚不實。民猶困科斂，吏不奉法律。」〔註24〕之後，便提高了他解民到懸、救民水火的心願。所以他在目擊時事，每聞陝川軍吏談起軍營中種種腐敗情況，感嘆焦急，或至中宵，自以爲曾蒙恩遇，不當知而不言。所以很快地他就寫出了洋洋數千言的〈極言時政啓〉。文中洪亮吉明確指出「勵

一連攻打下幾處城市，後來被清朝大軍消滅，爲時約一個月。第二年白蓮教徒又舉事於河南鹿邑，這是川、楚地區二十年後教徒大亂的根由。……他們聚眾成股，分別起事，不相統率，到處殘破。他們不據城池，以斂財惑眾爲務。……當時民亂雖有反清復明意識，但是主要的還是因吏治不良而起。」見陳捷先，《明清史》，頁397～398。

〔註19〕同註5，頁180。

〔註20〕見洪亮吉，《卷施閣文甲集卷十・征邪教疏》（載刊於洪用懃等編撰，《洪北江（亮吉）先生遺集》（一）），頁567。

〔註21〕同註9，頁70。

〔註22〕見洪亮吉，《卷施閣詩》卷十九，（載刊於洪用懃等編撰，《洪北江（亮吉）先生遺集》（三）），頁1802。

〔註23〕同註5，頁166。

〔註24〕見洪亮吉，《卷施閣詩》卷二十，（載刊於洪用懃等編撰，《洪北江（亮吉）先生遺集》（三）），頁1861。

精圖治，當一法祖宗初政之勤，而尙未盡法也。用人行政，當一改權臣當國之時，而尙未盡改也。風俗則日趨卑下，賞罰則仍不嚴明，言路則似通而未通，吏治則欲肅而未肅。」〔註25〕痛陳時局之危急、朝廷政治的弊端、不法官吏將軍之劣行，其揭露問題之尖銳，觸及人士之具體，陳述利害之痛切，皆遠超過〈征邪教疏〉。文中更有「視朝稍宴，竊恐退朝之後，俳優近習之人，熒惑聖聽者不少。」〔註26〕的話語，無疑是將批評的箭頭直指當今天子——嘉慶皇帝，處處把嘉慶執政與乾隆執政加以比較，以爲子不如父，今不如昔，這無疑是直接犯上。嘉慶閱完，當然大發雷霆，立刻將洪亮吉打入監獄，欲置死罪。洪亮吉獲知此消息，仍然面不改色，坦然面對。最後經過朱珪的「諧語相解」雖免其死，仍命發配伊犁，交將軍保寧嚴加管束。由京師到伊犁凡行百六十一日，行程萬六千餘里。嘉慶五年，京師亢旱，皇上虔禱雨澤，詔減釋軍流，不雨，復釋安南黎氏二臣，又不雨，上乃手詔赦亮吉，是日沛然雨，遂頒諭言天人感應之理。亮吉在伊犁接旨謝恩後，得以釋放回籍，同時也結束了洪亮吉的仕宦生涯。

四、歸居晚年、力事撰作

　　嘉慶五年五月初三，洪亮吉從伊犁遇赦東還，同年九月初七，亮吉抵里。死裏逃生，親友話舊，幾如隔世，因而自號更生居士。歸居故鄉的洪亮吉，深刻體會到的便是自由的可貴及家鄉的可愛。另外，在經濟不寬裕的情況下，要維持家中八口的生計，使亮吉不得不重執教鞭，主講書院。於是嘉慶七年（洪亮吉五十八歲）分別應聘安徽洋川書院和楊州梅花書院。

　　且說洪亮吉正義的呼聲爲執政者所排斥後，他多少了解朝政的黑暗腐敗，非一仕子之言論所能改善。因此亮吉晚年雖然關懷國家社會的本質不變，然而畢竟失去了政治上的銳氣，現實生活逼得他把滿腔從政熱情轉化爲一種遊山玩水的豪情奇趣。舉凡遊黃山、登匡廬、歷九曲、至於鄰近的蘇、杭、楊、寧等地，亮吉皆曾一遊。特別是在人世間的理想追求遭到無情地挫敗後，自然界中的本色美對他就產生了神奇的誘惑。他帶著身心的不平和創傷，投入自然山水的懷抱，「鬢邊已帶天山雪，足底猶餘瀚海塵，洗向太湖三萬頃，分明波影認前身。」〔註27〕江南的奇麗山水，

〔註25〕見《清史稿》列傳一四三，〈洪亮吉〉（載刊於周駿富，《清代傳記叢刊》，冊〇九二，台北：明文書局出版（下引周駿富，《清代傳記叢刊》版本並同）），頁226。
〔註26〕同註25，冊〇九二，頁226。
〔註27〕見洪亮吉，《更生齋詩續集卷三》（載刊於洪用勲等編撰，《洪北江（亮吉）先生遺集》（六）），頁2915。

以其母親般的溫暖，歡迎這位西域遊子的返歸。因此他把返居後的詩文集取名為《更生齋集》，是具有特別意義的。

洪亮吉晚年是忙碌的。他名聲揚外，各地聘請講學之事例有很多，正因為如此，他晚年在江浙皖一帶從遊門生有很多，影響頗大。在四處授讀講學的過程中，洪亮吉仍不忘潛心書海、鑽研學問，因此無論外出或歸里，他經常致力於學問的研究，並以辛勤的筆耕，為後人留下了一部部有用的書。

另外此階段中，洪亮吉常會經歷人間生離死別之痛。面對親人們的逝去，如嘉慶七年（洪亮吉五十七歲）的妻死，嘉慶十三年（洪亮吉六十三歲）的伯姊死，再加上平生的良師摯友，如朱珪、紀昀、王昶、徐書受、張風枝、李延敬等人的相續物故，都使亮吉感受深刻而倍感孤寂。嘉慶十四年四月偶患脇（同脅）疾，服藥漸癒。然而五月十二日，病則轉劇，一代奇人便與世長辭，度完他六十四個年頭的人生〔註28〕。

第三節　個人特色

前一節以年齡縱貫洪亮吉的人生經歷後，緊接著本節便想根據洪亮吉的個人作品或特殊事蹟來彰顯洪亮吉的個人特色，使讀者更能了解洪亮吉的人格性情，進而去了解影響洪亮吉思想的諸多原因。

一、天性孝友、真情摯性

洪亮吉本是一書香子弟，從小在儒家教義的薰陶下，深知聖人遺訓及做人處事之理。而且他自幼失怙，全賴母親茹苦含辛地扶養長大〔註29〕，因此人生旅程飽含辛酸，這使他對親人們往往有至深的敬意和情感；另外，當其人生旅程困窘交迫時，友人們往往雪中送炭、鼎力相助〔註30〕，因此他對朋友之情往往是誠懇無欺、永懷感恩的。正由於上述二因，洪亮吉因此特別珍惜人際間的真摯情誼。茲分親人和友人兩方面述說洪亮吉的個人特質。

〔註28〕同註5，頁203。
〔註29〕參見本文第二章，〈洪亮吉的思想背景‧人生經歷〉。
〔註30〕林逸編著，《清洪北江先生亮吉年譜》中曾述洪亮吉受友資助的事件：
　　1.「乾隆三十七年（洪亮吉二十七歲）冬，以所負多，訪晤蔣編修士銓，汪孝廉端光於揚州。囊空如洗，蔣相助乃得歸，已迫除夕矣。」，頁23。
　　2.「乾隆三十八年（洪亮吉二十八歲），以不能家食，往謁胡按察季堂於蘇州。乾隆三十八年十二月，聞朱學使離任入都，因附繆君晉階赴廣西便舸，至太平送之。貧不能歸，沈太守業富、袁大令枚皆薄助行資，於歲除日騎驢抵里。」，頁24。

（一）、親人方面（親情）

《孟子・離婁上》中述：「事，孰爲大？事親爲大。」洪亮吉在這方面躬身實踐的，首先表現在外祖母身上。林逸《清洪北江先生亮吉年譜》中載：

> 乾隆三十二年（1767），亮吉二十二歲。是年十月，外祖母龔太孺人病劇，自塾中歸侍疾，衣不解帶十日，及卒。慟哭嘔血，七七竟，始奉蔣太宜人回興隆里舊宅。有南樓贈書圖記〔註31〕。

這裏以「慟哭嘔血」四字來刻劃洪亮吉的哀傷，可見洪亮吉的傷痛發自心坎，絕無虛假。然而亮吉面對親人去逝的悲痛，則以其母蔣太宜人病逝時最來的悲傷。《清洪北江先生亮吉年譜》中有深刻的描述：

> 乾隆四十一年（1776），洪亮吉三一歲。此年十月二十六日，蔣太宜人在里中風病故。享壽六十有三。乃弟唯恐先生接此惡耗後驚悼有他變，即作札言太宜人病重盼歸。屬姊婿史君持至處州，並促偕歸。至日亦值扃試，留書而返。「按君在浙江學使主幕」（見漢學師承記卷四）試畢得書，星夜趕返。

十一月十四日晡時，舟至戚墅堰，距常州三十里。疾步至城，有僕之父仇三途遇之，相告家情，驟聞哀耗，五內昏迷。方度八字橋，失足墮水。兩岸陡削，人不及救，隨流至滕公橋，方爲人救起。救者疑爲避債者投水，及審狀則皆曰：「孝子，孝子！」天寒地凍，衣履冰濕。被移至家，舉家號哭，呼救久之，始蘇。搶呼痛哭，幾不欲生。水漿不入口者五日，諸姊以大義責先生，稍進米飲。七七內僅啜糯粥，蕅囊枕。自以未及侍母含斂，哀感終身。嗣後每遇忌日，輒終日不食，客中途次不變，三十年如一日〔註32〕。

舉凡「驟聞哀耗，五內昏迷」、「失足墮水、呼救久之」、「搶呼痛哭，幾不欲生。」、「嗣後每遇忌日，輒終日不食，客中途次不變，三十年如一日。」等的表現，孝悌之情，表露無疑。

另外，「手足之情」洪亮吉也十分重視，年譜也分別述說仲姊和仲弟死時洪亮吉的心情：

> 乾隆四十六年（1781），亮吉三十六歲。是年七月十二日，作適汪氏仲姊哀誄。得其鼓勵及資助甚多。竟以年四十一而逝，哀痛萬分〔註33〕。

嘉慶三年（1798），亮吉五十三歲。此年三月二日。蒙高宗純皇帝記名時甫得仲弟凶

〔註31〕同註5，頁16～17。
〔註32〕同註5，頁27～28。
〔註33〕同註5，頁42～43。

訃，痛苦不食者累日〔註34〕。

　　由上面的敘述，可見洪亮吉對兄弟姊妹的親情，無疑是手足情深、永難忘懷。關於洪亮吉的親情流露，《清儒學案》就曾扼要道出：

　　　　先生天性過人，事母至孝。先生方在處州，家人先以病告歸，過郡城
　　　　之八字橋，得凶問，失足墜河幾死。三年不食肉，不入於內，不與里中祭
　　　　弔。又以母疾時，方聽樂，遂終身不近絲竹，篤愛其弟，存歿無間〔註35〕。
由此段話的敘述正可為洪亮吉的親情表露做一註腳。

（二）、友人方面（友情）

　　洪亮吉一生中交往較深的友人，莫過於黃景仁、孫星衍兩人〔註36〕，時人並稱為「洪黃」和「孫洪」。江藩《漢學師承記》中曾述：

　　　　（亮吉）二十四歲，入學為附生，與同邑黃秀才景仁為詩歌，相唱和，
　　　　有時譽，人目為洪黃〔註37〕。
錢林輯、王藻編《文獻徵存錄》（一）中言：

　　　　早年與仲則（黃景仁）齊名，時號洪黃，後與季逑（孫星衍）同客久，
　　　　又號洪孫〔註38〕。
又張維屏《國朝詩人徵略》中亦曾述：

　　　　早年與仲則（黃景仁）齊名，江左時號洪黃。後沈研經術著書盈篋，
　　　　與季逑（孫星衍）同客最久，論學相長，人又稱孫洪〔註39〕。
而《清史列傳》中也說：

　　　　（亮吉）少工文辭，與同邑黃景仁詩歌唱和，時稱洪黃。……家居與
　　　　孫星衍相研摩，學益宏博，時又稱孫洪〔註40〕。

〔註34〕同註5，頁181。
〔註35〕見徐世昌纂，《清儒學案》，載刊於周駿富，《清代傳記叢刊》，冊○○六，頁465。
〔註36〕（一）黃景仁：清武進人。字漢鏞。一字仲則。乾隆時諸生。少有狂名。工詩，以
　　　　　奇肆新警見長。嘗客安徽督學朱筠幕。有兩當軒集。
　　　　（二）孫星衍：清陽湖人。字淵如。乾隆進士，授編修。和珅知其名，欲一見，卒
　　　　　不往。改刑部主事。歷官山東督糧道。引疾歸。累主鍾山書院。深究經史文
　　　　　字音訓之學，旁及諸子百家，有尚書今古文注疏、周易集解、夏小正傳校正、
　　　　　魏三體石經殘字考、倉頡篇、孔子集語、史記天官書考證等書。
〔註37〕見江藩，《漢學師承記》（載刊於周駿富，《清代傳記叢刊》，冊○○一），頁117。
〔註38〕見錢林輯、王藻編，《文獻徵存錄》（一），（載刊於周駿富，《清代傳記叢刊》冊○一
　　　　○），頁707。
〔註39〕見張維屏，《國朝詩人徵略》（載刊於周駿富，《清代傳記叢刊》，冊○二二），頁704。
〔註40〕見清國史原編，《清史列傳》（載刊於周駿富，《清代傳記叢刊》，冊一○四），頁516。

洪亮吉除了與兩人並稱為「洪黃」和「孫洪」外，洪亮吉乾隆三十六年（1771）加入朱筠幕府時，又與邵晉涵、高文照、王念孫、章學誠、戴震、吳蘭廷諸學人相訂交，由之學識大進〔註41〕。另外，洪亮吉又與袁枚、屠紳、劉駿、莊寶書、蔣士銓、汪端光、翁方剛、程晉芳等人相識〔註42〕，在此不再一一介紹。洪亮吉之廣結人緣，他的態度可謂是「至性至情」、「眞情摯性」，故其與師友交往的情誼最為篤實和持久。然而洪亮吉「眞情摯性」最典型的事例，則以與黃景仁的交情，最為令人感動。

洪亮吉的好友黃景仁（1749～1783），字仲則，清代著名詩人，家境困苦，懷才不遇，終因貧病交迫再度往西安依陝西巡撫畢沅，途中病死於運城（今屬山西）河東鹽運使沈業富官署中。黃景仁臨終有遺札致洪亮吉，以老親弱子相托。洪亮吉接信後，即從西安趕往運城，四晝夜奔馳七百里，火速趕抵運城，只見老友遺棺七尺，厝柩西寺。屋內丹鉛狼藉，詩稿飄零，眼前一片淒涼，只覺萬箭攢心，悲淚齊下，哀痛難已。最後洪亮吉終於不負黃景仁的臨終之托，措資扶柩歸里，妥善安葬，撫卹孤寡，刊刻遺集，盡到了對亡友的情義責任。

總之，由洪亮吉對親人和友人們所表現出的親情和友情，都表現出他有「天性孝友，眞情摯性」的個人特色。他的這些表現，可使「聞之者動容，受之者淪髓」，為後世留下了一段段感人至深的親情和友情佳話。

二、秉性剛正、實事求是

洪亮吉為清代乾嘉年間的碩儒，因此許多文獻資料，都可以使我們去了解洪亮吉的人格特色。

〔註41〕同註5，頁21。
  （一）邵晉涵：清餘姚人。字與桐，一字二雲。乾隆進士，歸部銓選。四庫館開，特旨改庶吉士，充纂修官，累官至侍讀學士。博聞強識，四部七錄靡不研究，尤長於史。
  （二）王念孫：清高郵人。字懷祖。學者稱石臞先生。乾隆進士。嘉慶間官至永定河道。通聲音文字訓詁之學，撰廣雅疏證。
  （三）章學誠：清會稽人。字實齋。乾隆進士。官國子監典籍，邃於史學。有文史通義、校讎通義。
  （四）戴震：清休寧人。字東原。乾隆舉人。少從婺源江永游，禮經制度名物及推步天象，皆洞徹原本，既乃究精漢儒傳注及說文諸書，由聲音文字以求訓詁，由訓詁以尋義理，實事求是，不主一家。有詩經二南補注、毛鄭詩考正、考工記圖、孟子字義疏正、方言疏證、原善、原象、東原文集等書。
  （五）吳蘭廷：清歸安人。字胥石。乾隆舉人。與仁和吳長元齊名，時號二吳。有五代史纂誤補，南雪堂草堂詩集。

〔註42〕同註5。

如惲敬〈前翰林院編修洪君遺事述〉述說：

> （亮吉）先生長身火色、性超邁，歌呼飲酒，怡怡然。每興至，凡朋
> 儕所為，皆掣亂之為笑樂。至論當世大事，則目直視，頸皆發赤，以氣加
> 人，人不能堪〔註43〕。

另外，《清史列傳》中言：

> 亮吉慷爽有志節，自稱性褊急，不能容物。好古人偏奇之行，每惡胡
> 廣中庸，不悅孔光、張禹之為人。生平好學，不以所遇榮枯釋卷帙。嘗舉
> 荀子語為人戒有暇日，故其學於經、史、注、疏、說文、地理，靡不參稽
> 鉤貫。窮日著書，老而不倦〔註44〕。

又如謝階樹〈洪稚存先生傳〉中所述：

> 自聞詔後，累月不知寢食。一日奮曰：「吾寧諤諤而死，不能默默而
> 生。乃反覆極陳時事為三函。……」史官謝階樹曰：「先生上書時，豈復
> 知有生死哉？忠義憤發於中，有不能自已者焉。」〔註45〕

再如支偉成《清代樸學大師列傳》中亦曾述：

> （亮吉）先生質至直，惜過明恩怨，故自謂「少容人量」〔註46〕。

最後，我們再參看趙懷玉〈洪君墓誌銘〉：

> （亮吉）君厚於天稟，精力過人。然明恩怨、別是非，少容人，量遠
> 遠。負氣罵座，予好辨，每與之爭，至面項發赤不止〔註47〕。

由以上「長身火色、性超邁」；「慷爽有志節，自稱性褊急，不能容物」；「吾寧諤諤
而死，不能默默而生」；「明恩怨、別是非，少容人」……等等的敘述，我們不難歸
納出洪亮吉的人格，實可謂一「性情中人」。他身材高大，面色紅潤。性情慷爽，具
有強烈的正義感和是非感。崇尚氣節，嫉惡如仇，特立獨行而不同於流俗。一言以
蔽之便是「秉性剛正」四字罷了。

前已知洪亮吉具有「秉性剛正」的個人特質。而且正因他具有「秉性剛正」的
人格特質，故洪亮吉在個人作品或待人接物方面都會秉持「實事求是」的態度。茲

〔註43〕見惲敬，〈前翰林院編修洪君遺事述〉（載刊於周駿富，《清代傳記叢刊》，冊一〇九），
頁013。

〔註44〕同註40，冊一〇四，頁519。

〔註45〕見謝階樹，〈洪稚存先生傳〉（載刊於周駿富，《清代傳記叢刊》，冊一〇九），頁010～
011。

〔註46〕見支偉成，《清代樸學大師列傳》（載刊於周駿富，《清代傳記叢刊》，冊〇一二），頁
161。

〔註47〕見趙懷玉，〈洪君墓誌銘〉（載刊於周駿富，《清代傳記叢刊》，冊一〇九），頁007。

將略述如下：

（一）個人作品

清乾隆年間文人修方誌是頗爲盛行的。許多在經學、史學方面頗有造詣的學者，他們紛紛參與修纂方誌的直接結果，就是產生了一批質量較高的方誌佳作。同時，他們也把辨析考訂的求實學風帶進方誌撰作領域。洪亮吉也是如此，從方志內容看，亮吉認爲「一方之志，沿革最要。」〔註48〕意即修方志最重要的是把地理沿革與建置沿革這兩方面的情況研究清楚。不僅要勘察鄉情道里情況，統計各種數據，陳列名宦鄉賢、普查古跡勝景等，同時也要從古籍所載與實地現狀的對勘中，把古今地理及建置沿革的來龍去脈搞清楚，而這項工作除了需要優越的圖書條件，細心的勘訂功夫外，更需專門的學識和功力，洪亮吉便是這方面的專家，在其修纂得方誌中，往往對古今沿革考辨下了大功夫，正因他「實事求是」的個人原則，所以他著的方誌大都詳實可靠〔註49〕。

（二）待人接物

洪亮吉因具有「秉性剛正」的個人特質，故凡事都以「實事求是」的態度面對。不僅個人作品有這方面的體現，甚至對師友或前人的作品也不例外。人們常說「字如其人」、「文如其人」，由於洪亮吉爲人耿直剛正、不願圓滑中庸，故其做學問的態度便是以「謹嚴」爲原則。他不僅自己行文論證時講究謹嚴，對當代師友的學術論著也是如此，就連前人的學術名篇更是實事求是、有錯必糾，毫不客氣。因此在其《曉讀書齋雜錄》中，被其點名商榷糾誤的歷代經典著作不知幾許，其中包括鼎鼎有名的司馬遷《史記》、許慎《說文解字》、李善《文選注》、酈道元《水經注》，還有李吉甫《元和郡縣志》、杜佑《通典》、皇侃《論語義疏》、張守節《史記正義》、王應麟《困學記聞》等等〔註50〕，其不懼名賢的膽量是很大的。

另外，就「待人接物」而言，洪亮吉與他人意見不合時，往往會「就事論事」地「與人爭辯」。同時因他性強好辯，常常會與人爭得面紅耳赤，正如同李元度《清朝先正事略》中所述的「至論當世大事，則目直視，頸皆發赤，以氣加人，人不能堪。」〔註51〕今舉江藩《漢學師承記》中記載的兩例予以說明：

〔註48〕見洪亮吉，《更生齋文甲集卷三‧跋新修廬州府誌後一》（載刊於洪用懃等編撰，《洪北江（亮吉）先生遺集》（四）），頁2015。

〔註49〕參見嚴明，《洪亮吉評傳》（台北：文津出版社出版，1993年2月初版），頁134。

〔註50〕見洪亮吉，《曉讀書齋雜錄》（載刊於洪用懃等編撰，《洪北江（亮吉）先生遺集》（八）），頁4101～4375。

〔註51〕見李元度，《清朝先正事略》（載刊於周駿富，《清代傳記叢刊》，冊一九三），頁397

如爲石經問題曾與國史館總裁彭文勤有所爭論，事件始末如下：

> （亮吉）四十五年庚子科，中式順天舉人。五十五年庚戌石醞玉榜，
> 以第二人及第，授編修充國史館纂修官；明年，又充石經收掌詳覆官，藩
> 是時館總裁王文端公第，君手定條例，屬藩呈之，公是其說，彭文勤主其
> 事，以爲不然，文端不能與之爭也。後文勤自作凡例，文端命藩勘定，駁
> 其秕謬者數十條，文勤大怒，謂藩與君互相標榜。嗟乎！直道之不行也久
> 矣〔註52〕！

又爲文字學問與江藩意見相左，致書力爭，灑灑千言，反覆辯論不已。事件狀況如
下：

> 嘉慶四年，藩遇君（洪亮吉）於宣城，論《說文解字》五龍六甲之說，
> 及冕旒字，不合君出示所作古文，藩又指摘其用事訛舛，君斷斷強辯，藩
> 曰：「君如梁武之護前矣。」君慍見於色。因藩談次，偶及輿縣，君云：「在
> 江都。」藩據《文選注》赤岸山之證，當在六合。藩又謂《太平寰宇記》
> 鄧艾、石鱉城、白水陂事，不見於史而已，並未言無此事也。君忽寓書於
> 藩，謂輿縣實在江都，而鄧艾事，樂史本之《元和郡縣志》，豈可疑爲無
> 此事者，灑灑千言，反覆辨論，藩不答一字，恐激君之怒耳；豈知益增其
> 怒，遂不復相見矣〔註53〕！

由上述兩例觀之：洪亮吉從前者手定條例不爲彭文勤所容，到後者爲文字問題而與
江藩意見不合時，洪亮吉不但不會奉承迎合他人之說，反而會「嗟乎！直道之不行
也久矣！」或「灑灑千言，反覆辨論」，依據事實，拒以力爭，便可知洪亮吉個人具
有「秉性剛正、實事求是」的個人特質。

三、博覽群書、遍遊山川

洪亮吉是清代乾嘉年間一位以詞章考據著稱的學者、才華出眾的詩人、精於輿
地和方志之學的地理學家，同時還是一位蹤跡遍於九州，姓字雋於五岳的旅行家，
其一生的仕途雖未鴻圖大展，然他的著作卻是汗牛充棟。而學識的獲得，主要可分
爲靜態和動態兩種方式。而靜態方式中尤以讀書來的最快速、最便捷，正所謂「讀
萬卷書」也；動態的方式，不外是增廣見聞、多看多聽，正可謂「行萬里路」也。
而洪亮吉究其一生，他實是「讀萬卷書、行萬里路」的典型人物。

〔註52〕同註37，冊〇〇一，頁 117～118。
〔註53〕同註37，冊〇〇一，頁 120。

（一）讀萬卷書

洪亮吉六歲喪父，家道中落，生活困苦，遂隨母寄居外祖母家。家境雖苦，然其母仍勤女工、儲修補供洪亮吉就讀。因此洪亮吉自幼的讀書環境，一方面是在嚴母的督促和教育下，另一方面則是在外家私塾中求學。而「外家課子弟極嚴，自五經及制舉業外，不令旁及。自成童入塾後，曉夕有程，寒暑不輟。夏日別置大甕五、六，令讀者足貫其中，以避蚊蚋。」〔註54〕因此在這樣的環境下，洪亮吉勤奮學習、苦讀不輟，夜以繼日、風雨無阻地開始他遍讀經書的啓蒙教育。洪亮吉《外家記聞》中曾經說道：

> 余十八歲在外家授徒，得暇，輒喜吟詠。又苦無書可讀，曾私質棉袷衣數事，市本朝人詩集三、四種。太宜人覓衣不得，曾痛笞之不得已，斷機中布鬻去爲一一贖歸。此乾隆甲申年事也。巡檢二兄嘗有贈余詩云：「典盡春衣愛買書。」即指此事〔註55〕。

由此洪亮吉「典盡春衣愛買書」的事件觀之，洪亮吉本人喜愛讀書是無庸置疑的。洪亮吉既熱愛讀書，然個人的治學精神又如何？其〈致錢季木論友書〉中洪亮吉曾懇切地道出：

> 學問之友，必先器識。拘於一隅，難與高論。……〔註56〕

由此可見洪亮吉讀書主張博觀。也就是認爲成家之學，其始莫不博大宏肆。蓋不博覽，則不免孤陋寡聞，蔽於一曲，似有井底蛙之象，故洪亮吉主張凡人爲學乃始於博涉。洪亮吉既然有此見解，其自身當然是以此爲圭臬並身體力行的。正如同《更生齋續集‧偶成》所述：「不惜心力疲，但恐歲月馳。晨編映曙光，夕簡隨星揮。不作無用言，冀以酬所知。」〔註57〕以這樣的讀書態度和治學精神終其一生，無怪乎洪亮吉日後在文學、史學、經學、地誌或方志等方面都有所成就。蔡冠洛編纂《清代七百名人傳》中就曾明確述說：

> 亮吉慷爽有志節，自稱性偏急，不能容物。好古人褊奇之行，每惡胡廣中庸，不悅孔光、張禹之爲人。生平好學，不以所遇榮枯釋卷帙。嘗舉荀子語爲人戒有暇日，故其學於經史注疏說文地理。靡不參稽鉤貫，窮日

〔註54〕同註8，頁10575。
〔註55〕同註8，頁10584。
〔註56〕見洪亮吉，《卷施閣文乙集卷五‧致錢季木論友書》（載刊於洪用懃等編撰，《洪北江（亮吉）先生遺集》（二）），頁832。
〔註57〕見洪亮吉，《更生齋詩續集卷三‧偶成》（載刊於洪用懃等編撰，《洪北江（亮吉）先生遺集》（六）），頁2927。

著書，老而不倦〔註58〕。

文中描述洪亮吉「學於經史注疏說文地理。靡不參稽鉤貫，窮日著書，老而不倦。」一方面正是洪亮吉「博覽群書」個人特質的最佳寫照，另一方面也述說洪亮吉具有「活到老、學到老」的讀書態度，無怪乎洪亮吉能成為清乾嘉年間著名的學術大師了。

（二）遍遊山川

洪亮吉除了是一個喜愛讀書的通儒外，他也是一位熱愛山水，喜好旅遊的旅行家。洪亮吉在其〈平生遊歷圖序〉中述說：

> 平生性嗜山水，蹤跡所至，幾遍寰宇，錘鑿幽險，冒犯霜霰，若飢之于食，渴之于飲，未嘗暫離〔註59〕。

洪亮吉從二十五歲開始遊京口三山；二十七歲入安徽，遍遊采石、青山、黃山、齊山、敬亭山；二十八歲以後，遊富春江及錢塘山水；三十一歲，遠遊天台、雁蕩諸山。對於距家鄉不遠的太湖，他更是多次往返，遊東、西洞庭山，探林屋洞。三十六歲至關中，登臨南山、華山、太白山，遊八百里秦川。四十七歲入貴州，五十四歲謫戍伊犁。他都寄情山水，詠物言志。六十歲以後，他還遊覽了黃山、天台山、武夷山、廬山、雲台山和狼山。他的友人為他繪制了平生遊蹤圖十六幅，記述他的遊蹤，前八幅是「南樓課讀圖」、「北屋泛槎圖」、「山墅訪秋圖」、「雲溪宴月圖」、「黃山雲海圖」、「赤城煙月圖」、「湖風破浪圖」、「江艇劈潮圖」，記寫了他遊覽黃山、洞庭、天台、雁蕩的勝景。後八幅是「蓮峰日出圖」、「岱宗雪霽圖」、「雲呈五色圖」、「日麗三天圖」、「蕭寺哭臨圖」、「圓扉待訊圖」、「閑廛學圃圖」、「疊港種梅圖」，描繪了他暢遊秦岱，攀登華岳，荷戈邊疆的情景。每幅圖後，洪亮吉都題寫了贊語，說明圖畫的歷史背景及事情的始末。洪亮吉曾自豪地說：「蹤跡遍于九州，姓字雋于五岳。」所遊之處，洪亮吉都十分留意考察，並撰寫遊記〔註60〕。由上述種種，便可證明洪亮吉具有「遍遊山川」的個人特色。且這項特色是舉目共睹、眾所肯定的。例如：

張維屏〈湖海詩傳〉中曾言：

> （亮吉）性好山水，於天都華嶽，皆登其巔必縋幽，歷險而後已〔註61〕。

李元度纂《清朝先正事略・洪稚存先生事略》中也曾述及：

〔註58〕見蔡冠洛，《清代七百名人傳》（載刊於周駿富，《清代傳記叢刊》，冊一九六），頁306。

〔註59〕見洪亮吉，《更生齋文乙集卷二・平生遊歷圖序》（載刊於洪用懃等編撰，《洪北江（亮吉）先生遺集》（四）），頁2118。

〔註60〕見瞿忠義，《中國地理學家・洪亮吉》（山東教育出版社出版，1989年3月第一次印刷），頁332～333。

〔註61〕見李桓輯，《國朝耆獻徵略》張維屏錄，〈湖海詩傳〉（載刊於周駿富，《清代傳記叢刊》冊一五○），頁062。

　　（亮吉）性嗜山水，遊嵩華、黃山，皆躋絕壁題名〔註62〕。
由上面的例證，可知洪亮吉具有「遍遊山川」的人生經歷是無庸置疑的。

　　總而觀之，洪亮吉可說是身體力行「博覽群書、遍遊山川」的典型人物。正因
他有「博覽群書、遍遊山川」的個人特色，使得他能把理論和實際結合起來，成就
一部部不朽的名著〔註63〕，甚至流放伊犁時都不例外。因此本文在此以「博覽群書、
遍遊山川」八字來凸顯洪亮吉的個人特色，是事出有因、詳賅有據的。

四、注重現實、喜論時事

　　洪亮吉個人特色除了前所述「天性孝友、眞情摯性」；「秉性剛正、實事求是」；
「博覽群書、遍遊山川」外，還有一「注重現實、喜論時事」的特質，而且可說是
「注重現實、喜論時事」的典型人物。何以言之？這與他個人生長的環境密切相關。
因爲洪亮吉自幼失怙，家貧如洗，且長大成人後，又長期過著貧苦不定的幕僚生活，
往返奔波，顛沛流離、寄人籬下。這樣的生活使他對民間的疾苦和官場的黑暗，皆
有比較深切的了解和觀察，也養成了他敢於揭露黑暗、剛正不阿的性格。惲敬〈前
翰林院編修洪君遺事述〉就曾述說：

　　　　（亮吉）先生長身火色、性超邁，歌呼飲酒，怡怡然。每興至，凡朋
　　儕所爲，皆掣亂之爲笑樂。至論當世大事，則目直視，頸皆發赤，以氣加
　　人，人不能堪〔註64〕。

可見洪亮吉性雖超邁，然而針對「當世大事」，每每目光如炬、精神專注地關心時事，
更可證其有「注重現實、喜論時事」的個人特質。趙懷玉亦曾評價洪亮吉「君厚於
天稟，性情過人。然明好惡、別是非，無所迴護，議論激昂慷爽，有古直之風。」
〔註65〕這種「注重現實、喜論時事」的性格根植內心而外發爲氣節，氣節則可由思
想家的言論觀之。洪亮吉作品中體現這種特質者諸多，例如《意言》、〈征邪教疏〉、
〈極言時政啓〉等，前文已加論述，至如〈廉恥論〉、〈服食論〉、〈寺廟論〉等等，
今則簡述如下：

　　洪亮吉「注重現實、喜論時事」的人格特性，在其〈廉恥論〉、〈服食論〉、〈寺

〔註62〕見李元度，《清朝先正事略·洪稚存先生事略》（載刊於周駿富，《清代傳記叢刊》，
　　　　冊一九三），頁398。
〔註63〕洪亮吉的著作極多，比較完整的爲清光緒時洪用懃等編撰的，《洪北江（亮吉）先生
　　　　遺集》共二二二卷。
〔註64〕同註四三，冊一九三，頁397。
〔註65〕同註四七，冊一〇九，頁007。

廟論〉等的作品中亦表露無疑。首先是〈廉恥論〉中慨切地論述：

> 廉恥之將，可使禦敵；廉恥之吏，可使牧民；廉恥之士，可使入道。……
> 三者不能並得，則廉恥之士為最重，廉恥之士，風俗所轉移也。……風流
> 者，寡廉鮮恥之別名也；中庸者，亦寡廉鮮恥所竊之名也。……居今日而
> 欲救風俗之弊、性情之失，則修廉恥之時也。舍廉恥之務而唯中庸自飾，
> 則心術不已，滋其害乎〔註66〕？

其次是〈服食論〉中秉實地敘說：

> 飲食衣服，非細故也。飲食衣服，風俗之本也。……夫厚革重錦，士
> 大夫之盛服也。而今則輿隸臧獲之常服矣。吾不曰：「輿隸臧獲之過也」，
> 曰：「士大夫導之也。」；三牲海錯，士大夫之特饗也，而今則閭巷市井婚
> 喪賓祭之常食矣。而吾不曰：「閭巷市井婚喪賓祭之過也」，曰：「士大夫
> 致之也。」……吾故曰：「士大夫節其飲食衣服以導下而風俗端矣，風俗
> 端則四民始有序矣，四民序而士大夫益尊矣。」〔註67〕

再次是〈寺廟論〉感慨地述說：

> 所謂服食侈靡之習，在窮鄉小民者尚少，其害最偏而費最甚者，其惟
> 神廟及佛寺乎。……大率以江南大府而論，一縣之轄，寺廟至千，一府之
> 轄寺廟至萬。寺廟至千，是僧徒道士常十萬人也。而其修築及徒眾之費……
> 出于小民典衣損食之錢者常什六，是所謂不耕而食，不織而衣者也，而使
> 小民用典衣損食之錢以養之。……

所為裁者，又非裁其神與佛之數也，不過裁其寺廟之數耳。寺不過此數，佛廟不過
此數，神而何用一邑之中疊出百處，則又豈彼教中所為清淨自尚者耶？誠使一州一
邑之知治理者，如吾法以行之將見民志不惑，而民俗亦可稍阜也〔註68〕。

由上文可知，洪亮吉舉凡〈廉恥論〉中倡導廉恥之士以救風俗之弊；〈服食論〉
中呼籲士大夫節衣節食來端正社會風氣；〈寺廟論〉盼藉由裁減寺廟的數目來使民俗
稍阜。上述三者，所論題材雖不同，然而洪亮吉關注的焦點仍在於救風俗、正風氣、
阜民俗……無時不以民生社會為主，再次印證他具有「注重現實、喜論時事」的個
人特質。

〔註66〕見洪亮吉，《卷施閣文甲集補遺・廉恥論》（載刊於洪用勳等編撰，《洪北江（亮吉）
先生遺集》（一）），頁 625～627。

〔註67〕見洪亮吉，《卷施閣文甲集補遺・服食論》（載刊於洪用勳等編撰，《洪北江（亮吉）
先生遺集》（一）），頁 628～631。

〔註68〕見洪亮吉，《卷施閣文甲集補遺・寺廟論》（載刊於洪用勳等編撰，《洪北江（亮吉）
先生遺集》（一）），頁 632～636。

　　總之，個人思想的醞釀，往往會受「置身環境」的影響。而「環境」又可分爲大小兩方面，大的一方面便是當代的社會狀況，小的一方面則是個人的人生經歷。整體的社會狀況和個人的成長歷程往往會互相扶持或互相牽制，兩者交相影響後，個人的人格思想便塑造完成。因此探究洪亮吉的思想背景，了解洪亮吉當代的社會狀況和人生經歷，乃是研究途徑的不二法門。

　　洪亮吉自幼失怙、寄居外家、貧苦求學、久困場屋等一連串坎坷的經歷，致使洪亮吉深刻體會人生。功名得第後，目睹當代政局由盛轉衰、官吏貪污成風；社會上土地兼併嚴重、農民流離失所、地租高昂、差徭繁重、自然災害頻仍、人口急劇成長、人民生活困苦……等的現象，無不使社會弊端浮現台面。洪亮吉看在眼裡，憂在心坎，再加上他個人社會接觸面的擴大，各地名山大川的漫遊，師友交往的加深，個人學識的長進，都使得洪亮吉擁有愈見成熟的思想。於是他目睹時局，上疏進諫，其言論有如長江之水奔騰而出，直訴內心的驚異和激動。但事與願違地進諫失敗並慘遭流放，滿腔熱血頓時澆熄。於是歸居晚年後，便只有力事撰作。且說洪亮吉人生的最大轉折、最引人注目的焦點，無疑是他不怕死的直言進諫。而直言進諫的代表作便是嘉慶三年的〈征邪教疏〉及嘉慶四年的〈極言時政啓〉。然而洪亮吉最早慷慨直言的著作，並不是〈征邪教疏〉和〈極言時政啓〉，而是他於乾隆五十八年（1793）完成的《意言》二十篇。此二十篇作品便是洪亮吉首先將其目睹時局、心中感慨化爲文字的著作，不但是他個人思想觀念上的突破，更是激發〈征邪教疏〉和〈極言時政啓〉兩篇著作的催化劑，其地位之重要由此可知。因此本文以下章節便欲一探洪亮吉個人《意言》著作的思想天地。

第三章　《意言》中崇尚實際的自然觀

　　人類不同於其他生物之處，在於他有理性思維的能力，有目的性、創造性、計劃性，能夠給自己提出一定的奮鬥目標，並為實現這一目標而制定出一定的行動方案、措施、步驟，使自己的行為按照預定的軌道前進，進一步還有所謂的發明和創造。然而這一切離不開一個根本的事實，即任何個體的平日生活或創造活動都要受到自然環境的制約。一方面，人類要生存下去，就必須食、衣、住、行，必須有賴以生活的物質資料；要進行農業生產，就必須有賴以生產的生產對象、能源、材料等，所有這一切都離不開自然界的奉獻；另一方面人類進行各種政治、經濟、文化、科技發明、創造等活動，必須有活動的基礎和材料，而這一切也都要取之自然。所以由以上兩方面的論述，便可明確得知人和自然的確有密不可分的關係。人類若離開了自然界所提供的前提和基礎條件，那麼一切物質生產活動都無從談起，甚至連最簡單的生存也得不到保障，更談不上物質文明和精神文明的創造、智慧和能力的發揮及人生價值的實現了。因此，人類和自然環境的關係實屬重要。既知兩者的關係密不可分，然而人和自然的關係究竟如何？人應該以什麼態度來面對？且由於自然界中萬物叢生，人如何能與萬物共存於自然界中？這些都是人類必須知悉明瞭的論題，洪亮吉深知此理，故他的哲學著作《意言》便從探討實際個人的由來為起點，由人的誕生進而思考人類生存的環境；且人們怎麼能在此環境中求生存？既然在此環境中生存，那麼隨時間的改變，是否會有所改變？最後在探討人是否永存於此環境中？這一切連續思考出的問題，跟人類實際的生活有密切的關係。這也是洪亮吉以其宏觀的思考角度，加上實際生活的體驗醞釀出的個人見解。今分六小節來觀看洪亮吉「自然觀」的個人思想特色。

第一節　人未嘗一日離開父母

　　一般人認定人的存在，是始於人類有其生命。而生命的開始爲生，生命的終結爲死，由生到死，是生命的歷程。正如李白所說的：「夫天地者，萬物之逆旅；光陰者，百代之過客。」這說明了人既是芸芸眾生之一，當然也脫離不了生死的軌跡。因此若以人對天地宇宙的關係而言，人亦不過其過客而已。而洪亮吉對此，卻有其不同於一般人的見解。

　　有生必有死，古今皆然，然何謂生？何謂死？醫學家、宗教家、哲學家各有不同的認定。然而最不容爭辯的事實是「人的出生」乃由於父母的結合，致使母親懷胎十月後產下下一代。這樣代代承繼，便是人們所謂傳宗接代、薪火相傳。所以洪亮吉便言「人何以生，無不知生于父母也。」〔註1〕然而人人皆知的「父母」，洪亮吉認爲這是狹義的「父母」，人人還有廣義的「父母」。他說：

　　　　人有百年之父母，有歷世不易之父母。百年之父母，生我者是也。歷

　　世不易之父母，天地是也。《意言・父母》

原來亮吉認爲父母有二：一是生我百年之父母，一是化育萬物的天地是也。易經序卦傳曾云：「有天地然後萬物生焉！盈天地之間唯萬物。」〔註2〕《荀子》〈王制〉和〈禮論〉篇亦云「天地者，生之始也。」「天地者，生之本也。」〔註3〕洪亮吉視天地爲父母即是認同此觀點。這就說明了天地爲生之本，所謂天地生物實指萬物由天地的自然變化而生，且此自然變化依一定的規律永遠地進行，「天行有常」萬物亦常依此一定規律的變化而生。《荀子・天論》篇中有較確定的說明：

　　　　列星隨旋，日月遞炤，四時代御，陰陽大化，風雨博施。萬物各得其

　　和以生，各得其養而成。……天職既立，天功既成，形具而神生〔註4〕。

由此洪亮吉所謂「歷世不易之父母，天地是也。」此句話我們便可理解。且說百年父母造成人們的誕生，然而在將近百個年頭運轉後，一般人都相繼歷經「死」的過

〔註1〕見洪亮吉，《意言・父母》（載刊於洪用懃等編撰，《洪北江（亮吉）先生遺集》（一）），頁163，（台北：華文書局出版，1969年，（本文徵引，《意言》皆據「洪用懃等編撰，《洪北江（亮吉）先生遺集》（一）」一書，下文徵引將不再重述。））。

〔註2〕見《周易正義卷第九・序卦傳》，此據《十三經注疏》本，藝文印書館出版。

〔註3〕（一）「天地者，生之始也。」見王先謙，《荀子集解卷五・王制篇第九》，載刊於國學整理社原輯，《諸子集成》，（北京：中華書局出版，1954年12月第一版（下引，《諸子集成》版本並同））。

　　　（二）「天地者，生之本也。」見王先謙，《荀子集解卷十三・禮論篇第十九》，此據《諸子集成》本。

〔註4〕見王先謙，《荀子集解卷十一・天論篇第十七》，此據《諸子集成》本。

程。而人生於天地，自然也死於天地，故可知天地承載萬物的生死消長。洪亮吉在
《意言‧父母》篇便明白說出：

> 人何以生？無不知生於父母（百年之父母），人何以死，亦可知仍歸
> 於父母乎（歷世不易之父母）？

洪亮吉經由百年之父母而提醒人們擁有百年父母的同時，還有歷世不易之父母（天
地）。為了讓人們徹底了解，他於是進一步說明：

> 人之生，稟精氣于父，稟形質于母，此其所以生也。及其死，歸精氣
> 于天，歸形質于地，此其所以死也。《意言‧父母》

洪亮吉在這裏採用「精氣」之說來解釋天地萬物的生死。這種說法，便類似《管子》
一書所述「人，水也。男女精氣合，而水流形。」「凡物之精，此則為生。」〔註5〕
「凡人之生也，天出其精，地出其形，合此以為人。」〔註6〕的說法，認為精氣是
形成天地萬物和人類的精微物質，人之生是由於男女陰陽精氣合和，產生人的生命
和智慧，而水賦予人的形體。形體、生命、智慧的結合，而成為人。故洪亮吉言人
之生即「稟精氣于父，稟形質于母」，此所謂的父母便是指百年之父母；同理可知，
人之死，自然是「歸精氣于天，歸形質于地」。這種說法呼應了前所言「人何以生？
無不知生於父母，人何以死，亦可知仍歸於父母乎？」，再次強調人之父母有二，一
為百年之父母，二為歷世不易之父母。亮吉反覆地強調此點，不禁讓人懷疑他的動
機，其是否有特殊的道理要闡述，於是《意言‧父母》篇接著說：

> 及其死，歸精氣于天，歸形質于地，此其所以死也，離百年之父母，
> 歸歷世不易之父母，雖有孝如曾參孝已者，亦何事悲乎？

死既是人生必經的歷程，每個人自然無法避免。而前已知精氣是形成天地萬物和人
類的精微物質，那麼人死後精氣是否也隨人之死而消逝？在此洪亮吉認為精氣既是
產生萬物的因素，即所謂「當其偶然而生，是天地間多一我也，多一我而天地之精
氣不加減。及其倏然而死，是天地間少一我也，其生與死之數于天地亦不能少有所
增減也。」《意言‧父母》渺小的個人生死對天地萬物並無影響，因此他說「人雖亡
而精氣不亡，精氣不亡是人亦不亡矣」《意言‧父母》。所以人之死，只是肉體的腐
化而造成人的精氣仍存在，只不過此精氣散逸不成人形。也就是人的生死，是氣的
聚散，人有存亡，而氣則不生不滅。因此死不過是告別百年之父母，回歸於天地（歷
世不易之父母）。可見人的一生，生是與百年父母相處，死則是與歷世父母相聚，同
樣是不離父母的懷抱。所以人之死，並非真正的與父母訣別，人們面對人類的死亡

〔註5〕見戴望，《管子校正卷十六‧內業第四十九》，此據《諸子集成》本。
〔註6〕同註5。

當然也不必有晴天霹靂、慘極人寰之感，故亮吉認爲這就好比曾參這種孝子〔註7〕，也不必因父母的死亡而痛不欲生。只要了解其中精義，自然豁然開朗、大徹大悟。說到此，洪亮吉便歸結出他的想法：

> 離百年之父母，歸歷世不易之父母，……且我未歸之先我百年之父母，先已歸歷世不易之父母矣。則我無論生、無論死，亦何嘗有離父母之一日乎？《意言·父母》

也就是：

> 人雖亡而精氣不亡。精氣不亡，是人亦不亡矣。人不亡則直與天地同弊耳。吾故曰：「（人）未嘗有離父母之一日也。」《意言·父母》

由以上的種種論述，洪亮吉以豁達明朗的態度希望人們不要只見生我育我的百年父母，而忽略給予人們天地精氣的歷世父母。若能了解其中義理，則生有父母、死亦有父母，不但不會拘泥於百年父母，而爲百年的別離而傷悲，更能因此得知天地精氣不亡，將與歷世父母同生同弊，而無離父母之一日了。

第二節 天生百物，非專以養人

人生死於天地間，天地遂爲人類歷世不易的父母。因此人在天地間的地位（有何重要性），實在值得探討。有神論對於此點便以「神學目的論」〔註8〕釋之，認爲世界萬物的產生及其在宇宙中的地位和作用，是根據統一的目的，由神安排以體現神的智慧和意志的。人是神的特殊寵兒，因此人在自然界中享有特殊的地位，自然界的一切都是爲人服務的。洪亮吉對於此論點則不表贊同。從殷代的「帝生子生商」到近代基督教的「上帝創造了人和萬物」，古今中外的有神論者無不宣傳一個全知全能的至上神（叫做「天」或「上帝」）主宰著宇宙萬物和人類社會。「天生百物，專以養人」就是有神論者用以證明上帝之天存在的重要論據之一。他們企圖利用自然

〔註7〕關於曾子孝順的事蹟，可見於二十四孝中的「嚙指痛心」：
「周，曾參，字子輿。事母至孝。參嘗採薪山中。家有客至，母無措。望參不還。乃嚙其指。參忽心痛。負薪以歸。……詩曰：『母指方縈嚙，兒心痛不禁。負薪歸未晚，骨肉至情深。』」見同光出版社編輯部，《三字經註解》（附上二十四孝）（台北同光出版社出版，1980年8月出版），頁120～121。

〔註8〕神學的目的論是宗教迷信用以證明神存在的一種流行的理論。簡言之，人是宗教信仰和宗教崇拜的主體；神則是宗教信仰和宗教崇拜的對象，宗教學中通常把神說成是「人格化的超自然存在」。
參見呂大吉主編，《宗教學通論》（中國社會科學出版社出版，1989年7月第一版）。

界在長期的運動變化過程中所形成的生態平衡以及人類生存條件的完備等來證明上帝的智慧和力量。天真的具有意志，能生百物以養人嗎？洪亮吉堅定地回答：「非也。」他在《意言‧百物》篇中暢述其思想：

> 人謂天生百物，專以養人，不知非也。水之氣蒸而爲魚，林之氣蒸而爲鳥，原隰之氣蒸而爲蟲蛇百獸。

他指出宇宙萬物，包括飛禽走獸、花草魚蟲，以及人類自身，都是氣化流行自然而然的產物，並非上帝的創造和安排。也就是說宇宙萬物的產生和存在都是自然而然、沒有任何目的的，並非爲人而生，爲人而長的。他發揮《淮南子‧天文訓》關於天地成形的論點：「清陽者薄靡而爲天，重濁者凝滯而爲地。」〔註9〕進一步他認爲自然界的一切動物都是從氣演變而來的。所謂「水之氣蒸而爲魚，林之氣蒸而爲鳥，原隰之氣蒸而爲蟲蛇百獸」，這顯然缺乏科學根據，但卻說明自然界的萬物都是氣化流行的產物，非專爲人而生的。

洪亮吉主張「天生百物，非專以養人」，那麼如何才能讓反對者心服口服的認同呢？他是以「以子之矛攻子之盾」之法來駁斥，於是他便先假設「天生百物，專以養人」的觀點成立，然後再就事論事。他說：

> 如謂天專生以養人，則水之中蛟鱷食人，天生人果以爲蛟鱷乎？林麓之中熊羆食人，天生人果以供熊羆乎？原隰之內，虎豹食人，天生人果以給虎豹乎？《意言‧百物》

如果說天生百物專以養人爲確定的事實，那麼百獸就只能爲人所食，並樂於爲人所食，盡其爲人所食的本分。然而事實並非一直如此，在水之中曾有蛟鱷食人的事件；林麓之中則有熊羆食人的事件；原隰上則有虎豹食人的事件，這不就跟「天生百物專以養人」的觀點相違背嗎？而且不僅如此，自然界的生物往往是一物剋一物。亮吉明白此理，遂又以疑問道出事實：

> 若果云：「天爲人而生，則水之中有魚鱉不宜有蛟鱷矣；林麓之中有貂狐貓貉，不宜有熊羆矣。原隰之中有麋鹿野獸，不宜有虎豹矣。」《意言‧百物》

天生魚鱉、貂狐貓貉、麋鹿野獸等供人食用，然而爲何又會生出危害人生命的蛟鱷、熊羆、虎豹等的生物呢？可見天生一物以利人，又生一物以害此物，如果天有意志及目的，這種互相矛盾的安排，怎麼能得到解釋呢？針對此點，或許有人會辯稱蛟鱷虎豹等「非人所常食者也，若家之六畜牛羊豕犬雞之類，則天實爲人而生者矣。」

〔註9〕見漢劉安等著，《淮南子卷三‧天文訓》，此據高誘注，《淮南子》、《諸子集成》本。

《意言‧百物》水中、山林中和原野上的生物蛟鼍虎豹等並不是人所常食的，它們不在天為人生之列，人們家中所畜養的家畜牛羊豬狗雞之類，才是為人所生的。對於此說法，洪亮吉於是又進行駁斥，他說：

> 天果為人而生，則當使之馴伏不擾，甘心為人所食乃可。今牛與羊之角有觸人至死者，獵犬有噬人至死者矣。豈天之為人而生者反以是而殺人乎？《意言‧百物》

家之六畜，牛羊豕犬雞之類，似乎真是天為人而生的，然而牛羊有角，可觸人致死，獵犬亦能咬人致死，宰殺它們，它們也會反抗。可見若家畜果為人而生，則理當心甘情願為人所食，何以會出現牛羊以角觸人致死、瘋狗咬人致死的現象呢？更何況「自唐宋以來，人之食犬者漸少，使天果為人而生，則唐宋以來應亦肖人之嗜欲而別生一物，不得復生犬矣。」《意言‧百物》這無疑再次駁斥了「天生百物專以養人」的觀點。洪亮吉論及屆此，其理已明，然他還進一步用生活中的事例進行類比推理，他說：

> 人之氣蒸而為蟣蝨，馬牛羊亦然，蟣蝨之生還而自嚙其膚，豈人亦有意生蟣蝨以還而自嚙者乎？《意言‧百物》

天地之氣生百物與人身之氣生蟣蝨相類似，人生蟣蝨非有意，則天生百物亦非有意。「推而言之，植物無知，默供人之食而已。必謂物之性樂為人食，是亦不然也。」《意言‧百物》

統而言之，從野生的虎豹到家養的牛羊，從動物到植物，洪亮吉用人人所見所聞的事實，加上嚴密的邏輯推理，成功地駁斥了「天生百物專以養人」的說法。

第三節　萬物生存乃恃眾寡、強弱之形勢

「天生百物，非專以養人」乃是指人和萬物在天地間的地位是平等的。正如同老子所說：「天地不仁，以萬物為芻狗」之理 [註10]，意謂天地對萬物一視同仁，不特以某物為可貴可愛。可見宇宙天地的萬物是平等的，然而居平等地位中的萬物又如何消長呢？洪亮吉關心此問題，而且將焦點凝聚在「人」身上，欲理解人如何

[註10] 老子第五章：「天地不仁，以萬物為芻狗。」「此兩句其所欲表達之思想，唯在顯示天道之自然而無私，廓然而大公，所謂『以萬物為芻狗者』，謂對萬物一視同仁，不特別以某物為可貴可愛也。」俗謂「雨露之均，不私一物。」是故天地之道在內容意義上是大「公」無「私」，在表現形式上則是「普遍」而非「特殊」。更可由此知宇宙天地內萬物是平等的。參見王淮注釋，《老子探義》，（台北：台灣商務印書館出版，1990 年 12 月九版），頁 25。

生存於天地間？針對這個問題他發現可由兩方面來探討：一、先就小範圍、橫向關係而言，探討人如何與群體中的其他生物相處；二、再就大範圍、縱向關係而言，追究人如何才能在天地這個大環境生存。洪亮吉關於這兩方面的見解，將在本節和下一節依序說明。

人人皆知，食物、空氣和水是維持人類生命的三大要素。人們為了生存便要攝取足夠的食物、空氣及水，然而這些人生必需品取自何處？無疑是要在人生長的自然環境中尋覓。這種行為正如同今日生物學上「生態系統」中的消費者〔註11〕，通常是以其他生物為食物來源，直接或間接覓食綠色植物。然而整個宇宙天地中，並非唯獨人類屬於消費者，相反地絕大部份的動物都是這樣的角色。因此人和其他動物便會為了獲取共同的食物、棲息地或水分等而引起爭奪環境資源和生存空間，造成彼此的競爭。不僅如此，動物種群之間除了競爭空間和食物等資源以外，還有直接補食的現象，即一種生物以另一種生物為食，洪亮吉目睹這樣的情形，遂發下列言論：

> 蛟鱷能殺人，而人亦殺蛟鱷。熊羆虎豹能殺人，而人之殺熊羆虎豹者，
> 究多于人之為熊羆虎豹所殺。《意言·百物》

洪亮吉發現自然界有動物相爭的情況，例如水中的蛟鱷及原野中的熊羆虎豹，皆曾有殺人食人的事件發生，相反地人也有獵殺蛟鱷或熊羆虎豹的事蹟留傳。由此可見動物的捕食，並不存有絕對獲勝的一方或永遠失敗的一方，而是兩方都有制勝或失敗的機會。可見這其中必定有特殊的原理存在，洪亮吉遂以人和熊羆虎豹互相捕食的結果來說明，他發現人殺熊羆虎豹的情形多於熊羆虎豹殺人，且經由亮吉詳細觀察、分析狀況後，他斬釘截鐵地說：

> 一言斷之曰：「不過恃強弱之勢、眾寡之形。」《意言·百物》

原來動物爭食，孰勝孰敗，關鍵在於誰強誰弱、誰多誰少。因為洪亮吉認為生物為求生存，互相補食時，究竟誰殺誰，不在天的意志，而在於各自力量的強弱和數量的多寡，因此他接著說：

〔註11〕生態系統中的生物雖然種類繁多，但根據它們在能量和物質運動中所起的作用，可以歸納為生產者、消費者和分解者三類。

（一）生產者：綠色植物含有葉綠素可行光合作用，從無機環境中獲得能量，製成有機物，除供本身利用之外，還可供應其他生物所需。

（二）消費者：絕大部份的動物，通常以其他生物為食物來源，直接或間接取食直接或間接取食綠色植物。

（三）分解者：自然界中的微生物，如細菌、微菌等專門以生物遺體為食物來源稱之。

見李柏，《超強生物》（台北建興書局出版，1991年3月革新版），頁515。

　　蛟鱷之力勝人則殺人，人之力勝蛟鱷則殺蛟鱷；熊羆虎豹之勢眾於人
　　則殺人，人之勢眾于熊羆虎豹則殺熊羆虎豹。《意言・百物》

總之，他以自然界中生物間的生存競爭，肉弱強食的事實，來揭示人生活在天地間，與生物相處的橫向關係是「恃強弱之勢、眾寡之形」。這種說法，頗似西方學者達爾文的「生存競爭、優勝劣敗」的理論。兩者相比，亮吉說法雖較簡單、粗略，然就亮吉此說較達爾文早半個多世紀提出而言（洪亮吉 1793 年創作的《意言》和達爾文 1859 年創作的《物種原始》，兩者相差六十六），其敏銳的觀察力與高遠的識見，便是不容忽視的。

第四節　人與天地相忘，才可終其天年

　　洪亮吉探討「人如何生於天地間？」除前節所論——如何與其他生物相處外，本節將就整體大範圍觀之，即是以「人如何才能在天地這個大環境中存活」為討論重點，欲得知人和天地的相處形式，進而歸納出人終得天年的方法。

　　天和人的關係，一直是中國哲學史上探討的重要問題之一。中國哲學史上所講的天人關係（「天人之際」），由於對天和人內涵的歧解，含有三種不同層次的意義：一是指神（意志之天或主宰之天）和人的關係；二是指自然和人的關係；三是指客觀規律性和人的主觀能動性的關係。且天和人這對範疇，隨著中國社會的演變和人對天人關係認識的加深，先後提出了三種天人關係的模式：一曰「天人合一」，二曰「天人相分」，三曰「天人相勝」〔註 12〕。洪亮吉他對「天和人」這命題的看法，則較近於荀子「天人相分」的看法，也就是否定傳統意志之天，把意志之天還原成自然的天，探討「自然和人的關係」。首先由「天地父母可否主控人的生死」為問題發端，他說：

　　難者曰：「人無離父母之一日，則吾之生、吾之死，父母主之乎？抑
　　歷世不易之父母主之乎？」曰：「皆不能也。」《意言・父母》

本章第一節便已經討論過人因有百年父母即歷世父母（天地），因此無論生、無論死，人皆不能與父母相離。然而人的生存或死亡，卻不是天地父母所能控制。此處人和父母的關係就好比林木和土，魚鱉和水的共存關係。洪亮吉於是在《意言・父母》篇接著說：

〔註 12〕見葛榮晉，《中國哲學範疇導論・第二十五章天和人》（萬卷樓圖書有限公司出版，1993 年 4 月初版一刷），頁 589～614。

　　　　夫生于土而死于土者，林木是也。生于水而死于水者，魚鱉是也。及
　　問其所以生，所以死之故，林木不知，魚鱉不知，水與土亦不知。

這裏洪亮吉以「人無離父母之一日」的觀點類比出——土和林木、魚鱉和水的關係。土無疑是林木的父母；而水無疑是魚鱉的父母。然而林木、魚鱉的生死，要居父母的土和水並不知，因此洪亮吉以同類可知的方法歸結出「人之生死，即歷世不易之父母，亦安得知之乎？」《意言‧父母》何以言之？洪亮吉於是進一步說明：

　　　　所謂歷世不易之父母似今古如一矣，安知不又有消長代謝於其間
　　耶？是歷世不易之父母，尚不能流轉于氣數中，而況乎所生者也。《意言‧
　　父母》

眾所皆知自然這個大環境中（歷世不易之父母）仍有其消長代謝，諸如四季的轉換及天災等。那麼生於天地間的宇宙萬物，自然也會有其生生滅滅。更何況屬於宇宙萬物的人類，自然也不例外，必定有其生死（即所謂人之生死，是氣的聚散，只不過此氣在天地間則不生不滅。）說到此，有人會認為既然天地無法主控人的生死，那麼人對天地為何仍要以「父母」相稱？《意言‧父母》篇說：

　　　　魚鱉之生也，若與水無預，而卒不能離水以求生；林木之生也，若與
　　土無預，而究不能離土以求活；人之生也，若與天地無預，而亦不能外天
　　地以自存，是則所謂父母而已。

在此洪亮吉舉出魚鱉恃水而活，林木依土而生。雖然魚鱉、林木並未事先與水或土確認永久共存的關係，然而它們必須生活在有水、有土的環境中，絕對不可離開水或土而自謀生活。同理可知，人生活於天地間，雖然天地及人都要各自消長代謝，然而人要在天地間攝取食物、空氣和水，……終究不能離開天地而獨自生活，這就是天地雖不能控制人類的生死然而仍是人類「父母」的原因，同時這也明確點出人和天地有「不離」的關係。

　　且說人一定要生活在天地間，那麼人在天地間的消長，是否會影響天地這個大環境呢？洪亮吉認為不然，他說：

　　　　當其偶然而生，是天地間多一我也，多一我而天地之精氣不加減。及
　　其倏然而死，是天地間少一我也，少一我而天地之精氣不加增。即積而為
　　千我焉，積而為萬我焉，其生與死之數于天地亦不能少有所增減也。《意
　　言‧父母》

這裏洪亮吉說明人的生死是精氣的聚散，氣聚則生，氣散則死。而且個人的消長代謝，並不能在天地間有所影響，因為以整體觀之，構成人的精氣並未改變，人的生死只是精氣排列組合不同罷了。因此不論人積至千或至萬，皆不能增減原有的精氣。

這樣的情形好比

> 林木與土相忘，故能遂其生；魚鱉與水相忘，故能畢其命。《意言‧父母》

林木、魚鱉生於土中或水中，也未能將土或水的環境加以改變，好像互不干涉地共存其間，這種關係猶如「相忘」。正因彼此的相忘，致使林木和魚鱉自由生長，得以畢其命也。不但是林木、魚鱉如此，人類也有同樣的情形。他說：

> 天地自生人以來，皆與之相忘矣。故來也無所凝，去也無所滯。不啻億萬子姓之同過于逆旅也。然相忘而實未嘗相離。《意言‧父母》

人生於天地後，便各自在天地間消長，天地不再隨身呵護，人於是來去自如，如同過客般，這便點出天地和人「相忘」的關係。若將「相忘」和前所述「不離」二關係合併觀之，便可得知天地和人的關係既密切又不直接：（天地）大範圍在運行消長，小範圍（如人類）亦在運行代謝，兩者互不影響。然不變的是小範圍（人）仍存在大範圍（天地）之內，這便是所謂的「相忘而實未相離」。知曉此理，無怪乎洪亮吉道出天地和人的相處形式是「相忘而實未相離」，進而歸納出「人與天地相忘，故能終其天年」《意言‧父母》的結論了。

總而言之，在天人關係的問題上，洪亮吉明確地認為天是自然界，人與天既有密切的聯繫又有著根本的區別。他把天地稱為人的「歷世不易之父母」，人不能離開自然界「外天地以生存」，正如同魚鱉不能離水而生，林木不能離土以求活的道理。但人的生死並不受天地主宰。天地不知人之生死，就像水土不知魚鱉、林木的生死一樣。「林木與土相忘，故能遂其生；魚鱉與水相忘，故能畢其命；人與天地相忘，故能終其天年。且不特此也，天地自生人以來皆與之相忘矣。」《意言‧父母》因此洪亮吉認為天與人的關係就可用「雖相忘而實未相離」此句話來形容了。

第五節　人之夭壽秉於自然，終歸於盡

天和人的關係前節已知是「相忘而實未相離」「人與天地相忘，才可終其天年」。然而所謂人的「天年」，究竟為何？綜觀天地間每個人的壽命皆不盡相同，這壽命的長短所恃又為何？這些都是洪亮吉自然觀中必須釐清的重點，於是他在《意言》中專立〈夭壽〉篇來加以探討。〈夭壽〉篇開宗明義便言：

> 人之夭壽秉於自然，未聞保攝之即能多，斲削之即能少。

洪亮吉認為天地生人，人的壽命秉於自然。肯定人的生老病死、長壽短命是一種自然現象，是任何人為方法所不能增減的。為何他認定「保攝」和「斲削」對壽命毫無影響呢？他接著述說：

> 禽獸之壽，常不及人。未聞禽獸之能斲削。《意言‧夭壽》

又說：

> 以人而論，富貴者之壽與貧賤者差等。貧賤者不能學富貴者之斲削明矣。《意言‧夭壽》

再說：

> 今試置兩人于此，一則清靜寡欲調神房闥之中，一則適性任情馳騖聲色之內，究其後則清靜寡欲之年壽，與適性任情者相去必不甚遠。何則，清靜寡欲者非無嗜欲，其所秉弱也。適性任情者非故不惜其生，其所秉強也。是則人之夭壽，由于所秉之強弱矣。《意言‧夭壽》

此處洪亮吉點出大部份禽獸的命皆不及人長，然而卻未見禽獸有斲削自己生命的生活方式；另外，以人而論，富貴者縱慾的機會當然大於貧賤者，然而他們兩類人的壽命長短，卻幾近相同，並未相異甚大；又舉出「適性任情」和「清靜寡欲」兩種人的壽命同樣幾近相同。上述種種，無疑是洪亮吉想闡釋「夭壽是一定的，非人力能改變」之理。因此保養的好壞不會延長或削減人的生命。而壽命的長短，只是人所秉有強弱罷了，再次強調人之壽命秉於自然，而且以所秉之強弱決定人之壽命。

既然人所秉自然之氣有強弱之分，那麼若懂得「養氣」者，是否就能延長生命？洪亮吉對此類似「道教服食養氣而長生不死」之觀，又持反對之意見。他說：

> 夫古之通養生之術，明服食之方者，莫如軒轅，軒轅之壽，至堯舜時已不存；保嗇神氣，調和性情，莫如榮啓期、抱牘子，至春秋之末已不存。《意言‧夭壽》

這裏洪亮吉明確舉例服食養氣的傳說，諸如軒轅、榮啓期……等。然這些善服藥養氣者仍然有其壽終的年限，那麼世界上就不可能有人藉由服食養氣得以長生不死的。可見「服食養氣，得以長生」的說法根本是沒有根據、不足為信的。

另外，人所秉自然之氣既有強、弱之別。那麼秉氣強者，可否再利用「保攝」來延長生命，即所謂「所秉之強加以保攝焉，即可長生不死。」洪亮吉認為斷斷不然，在此便以花葉和蟄蟲為例，予以說明，首先以花葉為例：

> 試以花葉觀之，花葉之在樹有不及時而落者矣，有過時而後落者矣。其灌溉得宜，猶人之有保攝也。其落之先後，猶人所秉之有強弱也。而皆不能不落，則秉有強弱而歸于盡則一矣。《意言‧夭壽》

又以蟄蟲觀之：

> 有桀惡者矣，有懦弱者矣，或先霜雪之辰而蟄，或及霜雪之辰而始蟄。蟄有先後，而同歸於蟄，則一也。《意言‧夭壽》

由上面之例，我們可明顯得知「花葉不能有榮而不悴，虫豸不能有出而不蟄，則人又安能有生而不死乎？」《意言・夭壽》因此生死是自然規律，有生必有死，是人為的力量無法破壞的，同時也是任何人無法逃脫的。人之生秉於自然之氣，氣聚則生，氣散則死。而且氣的變化是循環無定的，同理生死也是循環不斷的。因此不管氣強或氣弱，人必終歸死亡，故洪亮吉《意言・夭壽》乃言「秉有強弱而歸于盡則一也」。

第六節　駁斥世俗長生不死之說

「長生不死、得道成仙」，乃是道教教義的重要內容，也是道教方士夢寐以求的最高目標。然而這種論點無疑是與洪亮吉「人之夭壽秉於自然，終歸於盡」的觀點相違背，因此洪亮吉在闡述「人之壽命秉于自然之氣，終歸氣散死亡」後，緊接著便開始駁斥世上長生不死的仙人之說。《意言・仙人》篇中說：

> 夫生者，行也；死者，歸也。人不可久行而不歸，則人亦不可以久生
> 而不死。明矣。

有生必有死，乃是自然法則，非人力所能改變的。然而道教方士及迷信者面對「長生不死」似乎自有一套說辭，洪亮吉於是針對他們的說法，以問題銜接問題的方式，讓不實之說自現、公理自明。他在《意言・夭壽》篇中述說：

> （世）謂清虛寂滅之地又有仙，仙則不死者也。夫仙而在于清虛寂滅
> 之地，則必不飲不食而後可也。

眾所皆知「仙人」的定義，除了長生不死外，往往是人居于清虛寂滅之地，並過著不飲不食的生活。洪亮吉於是便以「不飲不食」是否真能存活為命題，展開第一層剖析。他說：

> 傳曰：「蠶，食而不飲，二十二日而化。蟬，飲而不食，三十日而蛻。
> 蜉蝣不食不飲，三日而死。」若不飲不食而可不死，則蜉蝣不宜死矣。若
> 不飲不食而死即可以緩，則蜉蝣不宜三日死矣。《意言・夭壽》

在此他利用古籍的記載，將蠶、蟬、蜉蝣三種昆蟲分別面對「不飲」、「不食」及「不飲不食」的狀況時，其會發生的結果具體說明，闡述「不飲不食而後可」是絕無可能的。就連「不飲不食，即可以緩」的說法，也以蜉蝣不飲不食三日而死的實例加以駁斥。因此「不飲不食而不死」之說的矛盾缺失處，顯而易見。然而迷信者屆此或許會有另一種解釋。

> 仙非不飲食也，不火食也。《意言・夭壽》

對此說法，洪亮吉依舊利用古籍上記載的實例，加以駁斥。他說：

（禮）記有之曰：「東方曰夷，被髮文身，有不火食者矣。南方曰蠻，

雕題交趾，有不火食者矣。」《意言・夭壽》

因此若前述「不火食而可不死」的說法成立，那麼古籍所述夷和蠻皆可成爲仙人。

然而卻不見有「因不火食而存」的夷人或蠻人。對此說法，有人會立刻以「今之夷

人和蠻人，如今皆已採用火食，自然不見仙人」《意言・夭壽》釋之。殊不知夷蠻火

食之前仍有不火食的祖先，依照迷信者的說法，他們理當爲仙人，然如今又安在何

處？所以洪亮吉對此歸結出「人之所賴以生者，恃有飲食，並恃有火食」《意言・夭

壽》，而「不飲不火食即可不死」的說法，正與情理相反，否決了「長生不死」的說

法。不僅如此，洪亮吉又以另一角度切入述說：

人而能仙，則應上古、中古之時多，而後古之時少。何今所傳之仙，

及人所值之仙，率皆唐宋以後之人，是豈上古中古之仙至唐宋時而盡死？

今之所爲仙者，又適皆唐宋以來數代之人乎？《意言・夭壽》

仙應是自遠古時代與時遞增的，然乾嘉年間所傳之仙爲何以唐宋人多而遠古人少，

這是否表示遠古之仙到唐宋時就有代謝？然「仙而果又有代謝」《意言・夭壽》，則

身爲仙人又有什麼樂趣可言。因此成仙的謬說無疑是「進退失據之論」《意言・夭壽》。

故洪亮吉在此歸結出「世無仙，世亦無長生不死的人。」《意言・夭壽》

另外，一般迷信者認定「仙人」，無疑是嚮往成仙後的境界。所以洪亮吉在此便

以現實狀況剖析，實事求是地來否決一般人「成仙」的美夢。他分三種狀況來述說：

首先是以「人老」的經驗觀之：

記曰：「八十、九十曰耄。」注：「耄，惛忘也。」「百年曰期頤。」

注：「老昏不復知服味善惡，孝子期于盡養道而已。」《意言・仙人》

由此可見一般人活到八十或九十的歲數後，精神和智慧往往會漸漸消離，到最後則

僅存肉體形質於人間，所以以這樣的情形成仙，洪亮吉遂認爲「徒有生之名而已，

無生之樂也。」《意言・仙人》

其次是以「人之夜」的經驗述說：

人即精神至強，至丙夜未有不思偃息者矣。至偃息之後，而強如旦晝

時之作爲焉，不能也；即或強其作爲，其疲憊有不可勝言者矣。以是知人

即精神至強，至八十焉九十焉百年焉未有不思惛化者矣。至惛化之候，而

強其如少壯時之舉動焉，不能也；即或強其舉動，而其疲憊亦有不可勝言

矣。《意言・仙人》

這裏洪亮吉首先是以人的體力作考量，指出人的精神從白天到午夜，終有委靡不振

之時，此刻若不閉目養神而勉強工作，定是疲憊不堪無以復加；同理可知一個人的

精神從壯年到百年終有悃化之時，此時若要恢復壯年的體力，無疑是遙不可及的。
且若以這樣疲憊不堪的身軀爲仙，豈有任何樂趣可言？所以洪亮吉說「朝而作，夜
而息，少而壯，壯爲老，老而死，皆理之常也。」《意言‧仙人》

最後，洪亮吉還運用訓詁學上的知識，考察了「仙」字的由來。

> 又《釋名》云：「老而不死曰仙，仙，遷也，遷入山也。故其字人旁
> 作山。」〔註13〕是又因年命之長，復遭遷徙之苦，及入山不死，亦不過如
> 《述異記》之張光始、《洞微志》之雞窠老人，惛無所知，與木石鹿豕同
> 居而已。又豈有生之樂乎？《意言‧仙人》

在此洪亮吉把「仙」釋爲遷入山中、昏而無知的老者，其生活不過是與「木石鹿豕」
相伴，「豈有生之樂乎？」

基於上述三方面的剖析，洪亮吉以實事求是的態度，道出他的想法：「世本無仙，
即有仙而不可爲者，以此也。」《意言‧仙人》更何況「長生不死之說」是虛誕荒謬
的迷信，人們怎可一再執迷不悟？因此讓人們了解「世無仙，世亦無長生不死之人。
人之命有短長，由氣稟有強弱所致耳」《意言‧夭壽》，此理，是洪亮吉自然觀的重
要論題焦點。

在了解洪亮吉駁斥仙人的一貫思想後，或許有人會認爲他的解釋仍不夠周全，因
爲傳說的仙人不但是長生不「死」而且也是長生不「老」，往往是擺脫俗務、自在逍
遙，具有神仙之術，變幻莫測……的人，這幾個印象似乎跟亮吉認爲的仙人不盡相同，
因此他的見解仍不能將「仙人」之說徹底駁斥。關於此點，陳柱先生在其〈洪北江哲
學〉一文中就曾明白表示「世人之所謂仙，原謂長生不死，變化莫測，極其自由之樂，
而非如北江之所云也。然仙則必棄一切耳目口鼻之樂，必除一切父母妻子之愛。然則
人生之樂已無有矣，仙何事乎？惜乎北江尚未將此層論明，俗儒迷信，猶有所藉口也。」
〔註14〕由此可知，洪亮吉駁斥仙人的立場雖堅定，然仍有其疏漏之處。

乾嘉學術，考據興盛；而乾嘉學風，尤重徵「實」。洪亮吉身處此境自然受其影
響，再加上從小環境刻苦，深刻體驗「實」際生活對人的重要。因此他特別關心人
生問題，凡是與人相關的命題他都非常重視。所以洪亮吉《意言》自然觀中首先便
論及人與宇宙的關聯，探討實際個人的由來，由事實得知，生我百年之父母，而天
地則爲人們歷世不易之父母。由於人無論生或死都在天地宇宙間消長，故洪亮吉認

〔註13〕見劉熙，《釋名‧釋長幼第十》，載刊於《叢書集成初編》（秦皇島中華書局出版，1985
年北京新一版），頁43。

〔註14〕見陳柱，〈洪北江之哲學〉（載刊於《東方雜誌》二十四卷第九期，1927年5月），頁
45。

爲「人未嘗一日離開父母」；人既然無法脫離天地，因此人應該關心人類生存的環境，思考人應該如何生存於自然環境？而這個問題可由兩方面來探討：一是就小環境（橫向）而言，也就是探討人與萬物的關聯，洪亮吉觀察自然現象後，得出「天生百物非專以養人」，且萬物生存乃恃眾寡、強弱之形勢生存；另一是就大環境（縱向）而言，即是探討人於天地宇宙間的自處之道，經由事實分析出人與天地相忘，才可終得天年。然而此處的天年爲何？是否是指人可長生不死？洪亮吉認爲不然，他認爲人的夭壽秉於自然，且長短乃依人氣秉之強弱而定，非保攝斲削所能影響，最終終歸死亡。因此洪亮吉反對世上長生不死的傳說，也就是反對仙人的存在。……以上便是洪亮吉自然觀的思想內涵。

所謂自然，應指天然的存在或自然而然。此種天然的存在，無論是時序推移、景物變換，均有其規律性，故又引申爲自然之理，或自然的法則。綜觀洪亮吉的自然觀，他的自然觀亦就是著重在自然之理和自然法則，他認爲人是自然界的一部分，是自然界長期發展的產物。自然不僅從生產和生活方面制約著人類，而且還從生命的存續時間和活動空間上給人以限制。而且自然以鐵的規律制約著每個人的生命旅程——生命有限，無論是帝王將相、王公大臣、還是平民百姓，任何人都不能超越自然規律而長生不死。人既是自然的存在物，並永遠受客觀規律的制約，這就決定了人生活動的基本前提，人們只有充分認識、尊重並利用自然界的客觀規律，在與自然界的和諧與協調中才能求得自身的發展，洪亮吉自然觀的終旨想必就在此。

洪亮吉的自然觀，無疑是以「人」爲中心，以現象事實爲原則，探討人與自然的關係，引導人們發現自然、認識自然、了解自然……徹底了解人類置身自然環境的地位和價值，以便能利用自然，爲人類謀取更多福祉。

第四章 《意言》中事實辯證的無神論

　　洪亮吉自然觀的論述，無疑是希望眾人的焦點落實到與人息息相關的現實環境，而非沈迷在虛妄不實的神仙怪誕之說。然而當時社會的現象卻正好相反，何以言之？因為乾嘉時代，清代社會正由穩定繁榮轉入危機四伏的時期〔註1〕，當時宗教迷信有倡狂發展的趨勢。「性豪邁，喜論當世事」〔註2〕的洪亮吉，目睹時尚，感慨良多，便以自然觀的思想為立論基礎，醞釀無神論思想，批判宗教迷信。一方面，他指出佛教等宗教迷信的發展，將會削落和腐蝕統治者及社會中堅份子的意志，他說：「（士大夫）幸有矯矯自好者，類皆惑於因果，遁入虛無，以蔬食為家規，以談禪為國政。一二人倡於前，千百人和於後。甚有出則官服，入則僧衣。惑智驚愚，駭人觀聽。亮吉前在內廷，執事曾告之曰：『某等親王十人，施齋戒殺者已十居六七，羊豕鵝鴨皆不入門。』及此回入都，而士大夫持齋戒殺又十居六七矣。」〔註3〕他認為這種情況發展下去，將使國家出現衰弱腐化，一蹶不振的局面。「深恐西晉祖尚玄虛之習復見於今，則所關世道人心非小也。」〔註4〕這是促使洪亮吉批判宗教迷信的一個原因；另一方面，他又認為宗教迷信的發展，寺院的擴張，將直接增加農民的負擔，激化土地賦稅的矛盾，而使社會問題更為嚴重，他以江南地區為例，指出「一縣之轄寺廟至千，一府之轄寺廟至萬。寺廟至千，是僧徒道士常十萬人也。」〔註5〕一府的寺廟僧道則常在百萬人以上。這些人不耕而食，不織而衣，賴小民用

〔註1〕參見蕭一山，《清代通史・第四章，國事之漸衰》，卷中有詳細的記載（將乾隆中衰的原因歸納為五點：和珅之專政；官吏的貪瀆；軍事的廢弛；財政的虛耗；弘曆之逸侈等因素）（台北：台灣商務印書館出版，1962年9月台一版），頁209～241。

〔註2〕見趙爾巽等撰，《清史稿列傳》一百四十三──〈洪亮吉〉，載刊於周駿富輯，《清代傳記叢刊》，冊○九二（台北：明文書局出版），頁225～229。

〔註3〕同註2，冊○九二，頁229～230。

〔註4〕同註2，冊○九二，頁230。

〔註5〕見洪亮吉，《卷施閣文甲集補遺・寺廟論》，載刊於洪用勤等編撰，《洪北江（亮吉）

典衣損食之錢以養之。「東南之患,在土狹而人眾,民之無業者已多,而又積此數百萬人,使耕夫織婦奉之如父母,敬之如尊長,罄其家之所有而不惜,俗安得不貧,而民安得不困。」〔註6〕爲了減輕這額外增加和激發的矛盾,他呼籲統治者須限制寺廟的發展。所以,基於上述兩大方面的認知,洪亮吉遂反對宗教迷信。

關於洪亮吉的無神論思想,已有前輩學者研究過。諸如楊榮國先生的〈洪亮吉的無神論思想〉〔註7〕;金春峰先生的〈清代傑出的無神論思想家洪亮吉〉〔註8〕;另外牙含章、王友三先生所編《中國無神論史》一書也曾專章討論洪亮吉〔註9〕……等。然而前輩學者們的研究成果不盡相同,他們大都以主題的形式(如楊榮國〈洪亮吉的無神論思想〉一文中便以無神、無鬼、無仙、無命等四個主題),分別討論洪亮吉的個人思想,甚少將其整個無神論觀點予以貫串。故本文便以此爲研究方向,試將洪亮吉諸多無神論的觀點前後貫串,期盼能將洪亮吉無神論思想加以呈現。

第一節　鬼神生於林林總總之人心

鬼神的信仰,起源於知識不發達的遠古時代。由於人們不懂得身體的結構和機能、不了解思維和感情是自身的活動,錯誤地把夢中幻覺看做靈魂可脫離肉體而存在的精神實體,於是產生靈魂不死的觀念。並以這種觀念爲基礎,形成鬼的觀念與神的崇拜。同時也將靈魂不死的觀念擴大到整個自然界,生出了萬物有靈論(表現的方式諸如大自然崇拜、圖騰與動物崇拜、祖先等神鬼崇拜等)〔註10〕。這雖是人類最原始自發的多神信仰,但此時的信仰並不是後來所謂的迷信。而鬼神迷信的發端是在於原始自發信仰後,社會結構由氏族部落轉變成王權統治,上位者爲了統治方便,遂將王的觀念推廣至整個宇宙,產生了至上神,讓人民崇拜和服從。《禮記·

先生遺集》(一)(台北:華文書局出版,1969年(下引洪用懃等編撰,《洪北江(亮吉)先生遺集》版本並同)),頁632。

〔註6〕同註5,頁634~635。

〔註7〕見楊榮國,〈洪亮吉的無神論思想〉(載刊於《學術研究》第四、五期,1965),頁95~101。

〔註8〕見金春峰,〈清代傑出的無神論思想家洪亮吉〉(載刊於《中國無神論文集》,武漢湖北出版社出版,1982),頁272~287。

〔註9〕見牙含章、王友三,《中國無神論史·洪亮吉》(中國社會科學出版社出版,1992年5月1日出版),頁824~834。

〔註10〕參見王友三,《中國無神論史綱·第一章(一)我國原始自發宗教的產生與人爲宗教的形成》(修訂本)(上海:人民出版社出版,1986年10月第二版第二次印刷),頁1~10。

表記》中曾述：「殷人尙鬼」，又說：「殷人尊神，率民以事神，先鬼而后禮」〔註11〕。而周之後的鬼神更是活靈活現，諸如鬼神能禍福人；求神可得福佑等的鬼神迷信便在人爲的渲染下產生。

　　鬼神的迷信駐留人心，代代相傳，往往使人們匍匐在鬼神的腳下，一思一念，舉手投足，都要受到鬼神的制約及奴役，在這種狀況下，不許有人性、個性的存在，不允許有超越信仰的思想和行爲出現，使人們失掉自我，而聽任宿命鬼神的擺佈。凡幾千年來，這種潛在的心理已經成爲一股幾乎無法打破的習慣勢力，常會束縛中國人的頭腦，壓抑中國人的主動性和創造性，而成爲國家社會進步的障礙。洪亮吉深知此理，而且發現乾嘉時期的宗教信仰正助長著此傳統惡習，有愈來愈嚴重的趨勢。洪亮吉深惡痛絕，極欲挽救此風，喚醒執著鬼神迷信的人們。所以洪亮吉不能只是簡單否定而已，而是要將鬼神信仰之所以綿延數千年的原因從人類心中去除。於是他在批判鬼神迷信荒謬虛誕之前，必須先站在人們的立場徹底了解鬼神之所以爲人接受的原因。然而，人們接受鬼神信仰的原因有很多，洪亮吉認爲最直接的關鍵，便在於林林總總的人心。而林林總總的人心究竟如何？今就三大方面分別討論：

一、認識根源

　　洪亮吉認爲，人們之所以相信有神有鬼，原因之一是由於自然和社會生活中存在著怪異現象，人們懵懂無知無法用智慧理解，於是便把這種怪異現象作了鬼神迷信的解釋。而這種現象，往往顯著於人們無助之時。洪亮吉曾說：

　　　　身欲死，藥不靈；心欲死，語不經。語不經，神殛之；藥不靈，鬼殺

　　之〔註12〕。

可見鬼神迷信的產生是由於人們面臨無法預知的生老病死，或是自然災害，心中無能爲力，遂發鬼神觀念來使事情合理化。他這種想法，正是先賢無神論思想的延續。如韓非所說：

　　　　人處疾則貴醫，有禍則畏鬼。聖人在上，則民少欲；民少欲，則血氣

　　　　治舉動理；血氣治而舉動理，則少禍害。夫內無痤疽癉痔之害，而外無刑

　　　　罰法誅之禍者，其輕恬鬼也甚。故曰：「以道蒞天下，其鬼不神。」〔註13〕

〔註11〕見《禮記卷五十一・表記第三十二》，此據孫希旦，《禮記集解》本（台北文史哲出版社出版（下引孫希旦，《禮記集解》版本並同）），頁1310。

〔註12〕見洪亮吉，《更生齋詩集卷五・勵志詩》（載刊於洪用懃等編撰，《洪北江（亮吉）先生遺集》（五）），頁2532。

〔註13〕陳奇猷云：「此文當作『民少欲而血氣治，血氣治而舉動理，舉動理而少禍害』，文

這便是說人們如果能通曉事理，少其私欲，去其禍害，健康一己身心，自可不重視鬼物，而畏懼鬼神的迷信心理更不會產生了。所以，認知是十分重要的。而認知的前提，無疑是具有一定程度的知識。反之，若無知識，即認知不夠，鬼神自然就進佔心房了。另外，又如王充所說：

　　凡天地之間有鬼，非人死精神爲之也，皆人思念存想之所致也。致之何由？由於疾病。人病則憂懼，憂懼則鬼出。凡人不病則不畏懼。故得病寢衽，畏懼鬼至；畏懼則存想，存想則目虛見〔註14〕。

　　可知王充亦認爲天地之間的鬼，並不是人死後的精神變成的，都是人們無知、憂慮恐懼、專心幻想而來的。諸如上述先賢的見解，影響洪亮吉的意識。使他不但繼承此思想，更把它其中的原因闡述明白。

二、心理根源

　　洪亮吉觀察人類鬼神信仰的原因，又一發現。首先就神而論，《意言·天地》篇開宗明義便言：

　　信如所言，則山川、社稷、風雲、雷雨皆有神乎？曰：「無也」。

他所以能果決無疑地道出無神，想必是非常有把握的。他說：

　　　　山川、社稷、風雲、雷雨之神。林林總總。皆敬而畏之。是山川、社

　　　稷、風雲、雷雨之神，即生於林林總總之心而已。《意言·天地》

這便是洪亮吉以人類心理來剖析人們爲何會相信鬼神的說法。何以言之？因爲人們對山川大地的偉大力量缺乏了解，無法抵抗；風雨雷電等自然現象感到神秘莫測，同樣也無法抵抗。於是便產生了一種敬畏的心理，認爲是一種超人的力量——神支配著一切。其實並沒有什麼神存在的。另外，人們常常會將管理山川社稷有功的人或仁人義士、聖賢豪傑，在其死後尊奉爲神。（例：關羽義薄雲天，死後奉爲關聖帝君……等。）甚至爲了表達感謝之意，往往建築廟宇來永懷他們。然時間一久，人們稱頌其事蹟的同時卻忘記他們曾經爲人的事實，而一味認定他們是神，所以神觀念的留傳，是其來有自的。

　　　氣一貫。蓋血氣者，內心也。舉動者，外行也。血氣治而舉動理，即謂內治則外理也。」。
　　見《韓非子卷第六·解老》，此據陳奇猷校注，《韓非子集釋》本（台北河洛圖書公司出版，1974年3月台影印一版），頁356。
〔註14〕見王充，《論衡卷二十二·訂鬼第六十五》，載刊於國學整理社原輯，《諸子集成》（北京：中華書局出版，1954年12月第一版（下引，《諸子集成》版本並同））。

其次，再就「鬼」而言，洪亮吉《意言‧天地》篇言：

> 高、曾、祖、考之鬼，凡屬子孫亦無不愛而慕之。是高、曾、祖、考
> 之鬼，亦即生於子孫之心而已。

由此可見洪亮吉認為鬼的產生，乃是由於子孫孝親敬祖的心理，把已故的祖先稱為鬼，以表示自己的崇拜、思慕之情。因為祖先們是自己的親人，不但跟自己有血緣關係，更是身兼扶養自己和教育自己的重要人物。同時也是人生涯中最忠實的盟友，隨時可挺身出來幫助自己，甚至提供一個人生避風港。所以這樣的情誼，刻苦銘心，永難忘懷。然而人生不過數十載，終究老死，面對親人逝去，那種空虛無助的孤獨感壓迫著自己，遂使人不願接受親人已逝的事實，還想捕捉到一些親人的蹤跡。於是心中便幻想著親人的靈魂仍與己同在，遂發鬼的迷信。洪亮吉感同身受，便在《意言‧天地》篇娓娓道出：

> 記有之：「優乎如有見，慨乎如有聞。」又曰：「臨之在上，質之在旁。」
> 為人子孫者，不忍自死其高曾祖考，則一念以為有，即有矣，實則不然也。
> 黎邱之鬼，慣傚人子姪之狀；穎川之鬼，又慣傚人父祖之形，其實豈真子
> 姪、豈真父祖乎？則世之所言高曾祖考之鬼，亦猶此矣。

這裏洪亮吉藉由古籍的記載，說明「鬼」觀念的形成，實由於人類的心理因素造成。他舉出二個例子，分別敘述如下：

第一例是《禮記‧祭義》中所云：

> 祭之日，入室，優然必有見乎其位；周還出戶，肅然必有聞乎其容聲，
> 出戶而聽，愾然必有聞乎其嘆息之聲〔註15〕。

第二例是《禮記‧中庸》中所述：

> 鬼神之為德，其盛矣乎！⋯⋯使天下之人，齊明盛服，以承祭祀，洋
> 洋乎如在其上，如在其左右〔註16〕。

然而「鬼」觀念的形成，並不完全導源人們對親人的想念「一念以為有，即有矣」。而是還有其他的因素，故他接著舉例敘說：

《呂氏春秋‧疑似篇》中曾言：

> 梁北有黎丘部，有奇鬼焉，喜傚人之子姪昆弟之狀〔註17〕。

〔註15〕是說孝子祭祀誠敬，彷彿真的見到了亡親，聽到了他的聲音。故優乎有彷彿之意；愾乎（慨乎）則表悲傷。見《禮記卷四十六‧祭義第二十四》，此據孫希旦，《禮記集解》本，頁1209。

〔註16〕（齊）同齋，齋戒。（明）清潔。見《禮記卷五十‧中庸第三十一》，此據《十三經注疏》本，藝文印書館出版（下引，《十三經注疏》版本並同）。

〔註17〕見《呂氏春秋慎行論第二卷第二十二‧疑似篇》，此據陳奇猷校釋，《呂氏春秋校釋》

又《後漢書·方術列傳》也曾述：

> 後漢時潁川方士劉根能令人見鬼，曾召太守史祈的亡父祖近親數十
> 人，皆反縛在前云云〔註18〕。

可見「鬼」的產生，也可藉由人為的力量完成。這是什麼原因？是否為鬼神迷信的另一導因，關於此點將在下一小點繼續探討。

三、社會根源

　　人們接受鬼神迷信的原因是多方面的，除了前所言認識根源、心理根源二方面，還有一社會根源。前面我們已知由於人們知識的淺薄，再加上尊親敬祖的心理因素，一般人便已經有了鬼神的觀念。這時社會上的投機份子，便利用人們鬼神的思想，而把宣傳鬼神迷信拿來當做職業，創造出「術數」和「巫術」〔註19〕，假托鬼神之名，打著鬼神旗號裝神弄鬼欺騙世人，詐取不義之財。所以根本無鬼神的存在。洪亮吉目睹這樣的社會風氣，感慨地說：

> 伊古以來，有親見山川、社稷、風雲、雷雨之神者。又有親見高、曾、
> 祖、考之鬼者。則奈何曰：「此或托其名以示神，假其號以求食，非真山
> 川社稷之神，高曾祖考之鬼也。」《意言·天地》

雖然他們出發點是虛構的、不真實的。然而，在他們用心渲染、積極附會之後，鬼神怪誕的事蹟便廣為流傳，加上人們好奇的心理，便會特別注意而永記不忘。就這樣不知不覺中，鬼神的觀念便駐足人類心房了。

　　總而觀之，洪亮吉針對認識、心理、社會三大方面來剖析人類之所以接受鬼神觀念的原因，可說是觀察敏銳、深得其理。洪亮吉便以這樣的觀點為基礎，展開他批判有神的無神論思想。

第二節　禍福善惡無關乎鬼神

　　　本，頁1497，台北華正書局出版，1985年8月初版。

〔註18〕見宋范曄撰、唐李賢等注，《後漢書卷八十二下·方術列傳第七十二下》（台北中華書局出版），頁2746。

〔註19〕（一）、「術數」包括占星術、卜筮、堪輿（風水）、相術、六壬、奇門盾甲、八字、生克、算命、拆字等等。

　　　（二）、「巫術」包括降神、扶乩、關王（召魂）、占夢（圓夢）、祭禳、符咒、厭勝等。

　　洪亮吉反對有神論，先用人們的立場去體會鬼神源起的真象，認為世間並沒有鬼神，完全是人們心中所想像的。所以在既知鬼神生於林林總總的人心後，洪亮吉便開始對鬼神的傳說，一一駁證。世俗迷信往往認定上天鬼神能獎善罰惡、禍福於人，即所謂「天不言，以形與事示之而已。」洪亮吉針對此說法，採取民間「雷誅不孝」「雷誅隱惡」的傳說為例，面對問題，且以事實辯證的方式來讓公理顯現，人們自覺。

　　先就「雷誅不孝」的傳說而言：迷信者一般認為人若不孝，上天明鑒，便會派雷神誅殺不孝之人。所以在迷信者的心理，雷神往往是公理的代表、正義的化身。然而這是正確無誤的嗎？洪亮吉認為不然。他在《意言・禍福》篇明確地說：

> 世俗之言曰：「雷誅不孝」。故凡不孝不弟者畏鬼神，並甚畏雷，不知不然也。夫古來之不孝者，莫如商臣、冒頓，未聞雷能殛之也。雷所擊者皆下愚無知之人，下愚無知之人，即不孝，雷應恕之矣。雷能恕商臣、冒頓，而不能恕下愚無知之人，豈雷亦畏強而擊弱乎？畏強而擊弱，尚得謂雷乎？

由上面的論述，明顯地看出洪亮吉認為「雷誅不孝」是毫無根據的。因為神學的前提是神的全知全能，所謂「聰明正直而神者也。」既然「雷誅不孝」，那麼，殺父自立的楚穆王商臣和殺父自立的匈奴王單于冒頓〔註20〕，這樣不孝的人，為什麼不受雷殛呢？商臣冒頓不受雷殛，只能表明：或者雷無知，或者知而不擊。無知，說明雷神是不存在的；有知而不擊，那麼或者是雷偏私不願擊，還是畏強、不敢擊。偏私、畏強，都說明不正直、不強大，這是和宗教信仰神的屬性（具有偉大超人的力量及公平正直的判斷）相矛盾的〔註21〕，所以洪亮吉肯定地說：雷霆殺人，是迷信、是騙人的，至於「雷誅不孝」更是不可能的事了。

　　其次再以「雷誅隱惡」的傳說而言：洪亮吉認為善和惡是相互聯繫的，罰惡與賞善也是相互聯繫的。罰惡者必賞善。故其言：

> （世俗）又言「雷誅隱惡」。刑罰之所不到者，雷則取而誅之。夫人有隱惡，亦即有陰德。有隱惡而刑罰不及者，天必暴其罪以誅之，以明著為惡之報。則有隱德而獎賞所不及者，天亦當表其德以賞之，以明著為善之效。《意言・禍福》

〔註20〕（一）、商臣殺父自立的故事。見《史記卷四十・楚世家第十》（台北：鼎文書局出版（下引，《史記》版本並同）），頁1698。

　　　　（二）、冒頓殺父自立的故事。見《漢書卷九十四上・匈奴傳第六十四上》（台北：鼎文書局出版），頁3749。

〔註21〕同註8，頁275。

可見洪亮吉針對「雷誅隱惡。刑罰之所不到者，雷則取而誅之。」的觀點，反駁說「人有隱惡，亦有陰德。」如果天能命雷神暴隱惡，以誅之「以明著爲惡之報」，則有陰德而獎賞所不及者，天也應當設星辰日月之神，於眾見眾聞之地福人，「當表其德以賞之，以明著爲善之效。」故《意言・禍福》篇接著說：

> 記云：「爵人于朝，與眾共之。刑人于市，與眾棄之。」天既設雷霆之神于眾見眾聞之地殺人以明惡無可逃。則又當設星辰日月之神于眾見眾聞之地福人以明善必有報，而後天下之人始曉然於人世賞罰所不及者，天亦得而補之也。

說到此，天若眞正大公無私，獎善罰惡，必爲人信服。然而事實並非如此，人們未曾看到天「福人」，「以明善必有報」的事實。洪亮吉感慨地說：

> 若云天殺人則使人知，天福人則不使人知，則無以勸善矣。無以勸善，非天之心也。不賞善而專罰惡，亦非天之心也。今既無星辰日月之神福人，則所云雷霆殺人者亦誣也。吾故曰：「天不命雷擊人，鬼神亦不能禍福人。」
>
> 《意言・禍福》

由於雷不能公平地獎善罰惡，故「雷誅隱惡」的傳說同樣不被洪亮吉承認，甚至還得出一個結論，那就是天既不能命雷擊人，鬼神自然也不能禍福於人。然而此處「天不命雷擊人」舉證較多，相對地「鬼神亦不能禍福人」論述則不多，可見洪亮吉在此的論證仍有其不足。

統而觀之，基於「雷誅不孝」「雷誅隱惡」的傳說，我們可知一般的迷信者，往往把鬼神和禍福兩者牽連在一起，分不清實際的狀況。故洪亮吉便針對此觀點，對症下藥，分析鬼神和禍福的關係，讓世人明白兩者完全是沒有關連的事實。然而他要探討的問題實質並不在於鬼神能否隨意加禍害於人，而是要揭示「鬼神禍福人」的觀念本身根本就是矛盾虛妄的。所以這樣的前提立論已偏頗，「雷誅不孝」「雷誅隱惡」傳說的推論自然更不切實際了。另外，雷電在當時電學未發明的時代，最爲神祕，足使人敬畏，然洪亮吉卻絕不相信或畏懼有關雷的傳說，反而認爲雷是一種自然現象，不值得奇怪。他說：

> 倚于不祥之木，爲雷霆所撲、爲雷所擊者，皆偶觸其氣而殞，非雷之能擊人。《意言・禍福》

可見早在乾嘉時代，洪亮吉便有如此先進的認知，跟今日我們所知「雷電」的知識相比，眞可算是先知先覺令人讚歎了。

第三節　三代以後害人者爲怪，非關鬼神

「天不命雷擊人，鬼神亦不能禍福人。」《意言‧禍福》這是洪亮吉藉由「雷」的傳說，分析有神論矛盾所得的結論。既然如此，爲何世人仍究看不清狀況——了解鬼神實無的事實呢？洪亮吉探討此問題，發現原來流傳人間的傳說，除了傳說「雷誅不孝」「雷誅隱惡」外，還有一些鬼神會禍害於人的史籍故事。而且這些故事往往是有時代背景或眞實姓名的，以致讓迷信者更加相信鬼神的存在。洪亮吉於是便針對此點，對鬼神迷信的源起，作了歷史的考察。他說：

> 鬼神之說，上古無有。上古之所謂神者，山川社稷之各有司存是也。
> 上古之所謂鬼者，高曾祖考是也。《意言‧鬼神》

由上可知，洪亮吉考察的結果，認爲古代所謂神是對管理山川社稷有功於民的人之崇敬和懷念，所謂鬼則是對祖先的思慕與崇拜。《淮南子‧氾論訓》說：

> 炎帝于火而死爲灶，禹勞天下而死爲社，后稷作稼穡而死爲稷，羿除
> 天下之害而死爲宗布，此鬼神之所以立[註22]。

洪亮吉所謂「神者，山川社稷之各有司存是也」，正是繼承了這種觀點。所以可知上古認定的鬼神，並非同於乾嘉年間人們對鬼神的看法。因爲上古的神鬼，一是對人們有功的功臣，一是我們至親的親人；先就前者而論：有功於民即表示他品格高尚、熱心助人，有「犧牲小我，完成大我」的大公無私精神。所以試想這樣的好人，在世時已經處處爲人著想，死後怎麼可能危害世人呢？再言及後者：人們的至親高曾祖考，不但跟我們有血緣關係，更有深厚的親情。而那些極欲子孫功成名就、顯揚家門的實例又處處可聞，所以親人愛護、呵護子孫的心情已唯恐不及，那還會在死後危害自己的子孫。所以鬼神能禍害世人的說法，簡直是毫無可能、愚不可及的。然而洪亮吉發現當時人們大都心存鬼神能禍害世人的觀念，這種心態眞是荒謬無理，故《意言‧鬼神》篇慨切地說：

> 人未有見高曾祖考祟其子孫者也，人未有見山川社稷之神祟其管內之
> 民者也，則知鬼神者不害人。

上古人們崇拜的鬼神既然不會禍福人，然而這種「鬼神禍害世人」的傳說是從何時開始流傳的？洪亮吉深入考察，他說：

> 三代之衰，始有非鬼神而謂之鬼神者。杜伯之射周宣王，趙先之殺晉
> 屬公，以及天神降莘，河神祟楚是矣，然此直名之爲怪，不可言神，不可
> 言鬼。《意言‧鬼神》

[註22] 見《淮南子卷十三‧氾論訓》，此據高誘註，《淮南子》、《諸子集成》本。

故洪亮吉認爲三代以後的春秋戰國時期，國家衰亂的時候，鬼神傳說才開始流傳的。接下來他便舉了四個古籍記載的傳說。分別敘述如下：

首先是「杜伯射周宣王」的故事，這個迷信故事記載在《墨子・明鬼》下篇：

> 子墨子言曰：「若以眾之所同見，與眾之所同聞，則若昔者杜伯是也。周宣王殺其臣杜伯而不辜，杜伯曰：『吾君殺我而不辜，若以死者爲無知則止矣；若死而有知，不出三年，必使吾君知之。』其三年，周宣王合諸侯，而田於圃，田車數百乘，從數千人滿野。日中，杜伯乘白馬素車，朱衣冠，執朱弓，挾朱矢，追周宣王，射之車上，中心折脊，殪車中，伏弢而死，當是之時，周人從者莫不見，遠者莫不聞，著在周之春秋。……」〔註23〕

其次是「趙先殺晉景公」故事，這故事見於《左傳・成公》八年及十一年：

> 魯成公八年，晉景公殺趙括、趙同。十一年「晉侯夢大厲，被髮及地，搏膺而踊。曰：『殺余孫，不義。余得請於帝矣！』壞大門及寢門而入。公懼，入于室。……」景公驚醒，不久即病死〔註24〕。

再次是「天神降莘」的故事，《左傳・莊公》三十二年：

> 秋七月，有神降于莘。(周) 惠王問諸内史過曰：「是何故也？」對曰：「國之將興，明神降之，監其德也。將亡，神又降之，觀其惡也。故有得神以興，亦有以亡。」〔註25〕

最後是「河神祟楚」的故事，《史記・楚世家》：

> (楚) 昭王病於軍中，有赤雲如鳥，夾日而蜚。昭王問周太史。周太史曰：「是害於楚王，然可移於將相。」將相聞是言，乃請自以身禱於神。昭王曰：「將相，孤之股肱也，今移禍，庸去是身乎！」弗聽。卜而河爲祟。大夫請禱河。昭王曰：「自吾先王受封，望不過江、漢，而河非所獲罪也。」止不禱〔註26〕。

以上便是洪亮吉從古籍舉出鬼神禍害於人的故事。雖然這些故事古籍記載的繪聲繪影，然而洪亮吉卻毅然堅決地說出——這些害人者是怪而非鬼神，他持論的理由又爲何？洪亮吉在《意言・鬼神》篇中說：

> 然此直名爲怪，不可言神，不可言鬼。何也？鬼不能以弓矢殺人，及

〔註23〕見《墨子卷八・明鬼下第三十一》，此據孫詒讓《墨子閒詁》、《諸子集成》本。
〔註24〕見《左傳・成公》，此據《十三經注疏》本，藝文印書館出版。
〔註25〕見《左傳・莊公》，此據《十三經注疏》本。
〔註26〕見《史記卷四十・楚世家第十》，頁 1717。

壞大門、抶寢門，皆非鬼所能。又聰明正直之謂神，豈有天神而與人接談，
河神而祟人以求食者乎？吾故曰：「三代以上有眞鬼神，三代以下不聞有
眞鬼神，而有怪。」鬼神有理，怪則無理；鬼神者吾當畏之，怪者不必畏
也。不必畏則視吾氣之強弱，氣強則搏之，氣弱則爲所攝而已。

原來洪亮吉認爲禍害人者之所以是「怪」，是因爲「人而爲鬼，則已歸精氣於天，歸
形質於地矣。」《意言‧天地》怎麼可能以弓箭殺人，或做破壞門戶、穿入房門……
之類的事。另外，「聰明正直」的神，又怎麼做出與人交談或求食禍人的事呢？故這
些事並非上古人們崇拜的鬼神所爲，只能稱之爲怪作亂。洪亮吉不但把史籍記載的
奇異現象稱爲「怪」，並將此「怪」和三代以前的「鬼神」區分開來，更進一步強調
「怪不必畏」，宣傳「以強制弱」。他這種說法，無疑攻破了鬼神能禍福人的神學謊
言，可算是一種創見。所以洪亮吉認爲「三代以後害人者是怪，非關鬼神。」其理
明矣，故他在《意言‧鬼神》篇文末語重心長地道出：

> 知鬼神者不害人。其爲害者，皆反常之怪耳。若怪而名之爲鬼，是直
> 以高曾祖考待之也；怪而名之爲神，是直以山川社稷凡著在祀典〔註27〕
> 者待之也，可不可乎？

說到此，洪亮吉無疑是指出鬼神之說是一種歷史現象，接觸到鬼神迷信產生的歷史
根源。然而，洪亮吉所謂的「怪」或許可用奇怪反常或怪誕不經釋之，可惜的是他
在此卻未明確定義讓人無法區分「怪」和「鬼」、「神」的差異，而且洪亮吉表面上
雖是以「無神」爲立論基礎，然其文字論述諸如「聰明正直之謂神」、「鬼神有理，
怪則無理；鬼神者吾當畏之，怪者不必畏也」之語，卻又明顯地承認鬼神的存在，
前後互相矛盾，讓人覺其無神論思想不甚周全，甚至會有所質疑，可見這是洪亮吉
無神論思想的一大缺失；另一方面，洪亮吉不知道這些「怪」誕的故事，是否是以
前有神論者捏造出來的？這或許是他篤信古籍所造成的結果〔註28〕。

第四節　從世俗所論鬼神的形象辯証無鬼神

洪亮吉利用有神論本身的矛盾，證明「雷誅不孝」、「雷誅隱惡」、「鬼神禍害人」

〔註27〕《禮記卷四十五‧祭法第二十三》篇：「夫聖王之制祭祀也，法施於民則祀之，以死
　　　勤事則祀之，以勞定國則祀之……此皆有功烈於民者也。及夫日月星辰，民所瞻仰
　　　也；山林川谷丘陵，民所取財用也；非此族也，不在祀典。」著在祀典，即列入明
　　　文規定的祭祀對象。此據孫希旦，《禮記集解》本。

〔註28〕同註9，頁829。

等傳說是虛構荒謬後，再進一步便肯定天地無鬼神。然而洪亮吉還擔心他苦口婆心的勸說仍不能徹底表達，故此處他又以另一方式切入探討。首先，他先做同情的了解，了解迷信者心目中人格神和鬼魂的形象，然後再以他們認定的觀點，作一事實推理的論證，讓人們自覺矛盾之處，希望藉此對鬼神觀念做一徹底的否決。

　　首先就「有神」而言：洪亮吉針對當時童巫親見鬼神的傳聞開始剖析。他說：

　　　　山川之神，本無主名。若社稷之神，則所謂句龍及后稷也〔註29〕。句

　　龍爲烈山氏之子，句龍倘有神，則應服烈山氏之衣冠；后稷者，帝嚳之子，

　　稷倘有神，亦應服帝嚳時衣冠；今童巫之見社稷之神者，言服飾一如祠廟

　　中所塑唐宋衣冠之象，則必非句龍后稷明矣。《意言・天地》

洪亮吉認爲土神句龍是烈山氏〔註30〕之子，谷神后稷是帝嚳之子，都是上古時代的人。如果他們眞的成神，理所當然應服當時的衣冠，怎麼今日童巫所見的鬼神又穿起唐宋人的衣飾來了呢？很顯明的，鬼神之說純屬童巫捏造之言。可見這是根據時代不同衣飾自然有異的觀點，來論證神是人虛構的。接著洪亮吉又根據迷信者的思想推論出——山川、社稷、風雲、雷雨若有神，則天地益宜有神。然而這種說法又是一大訛誤。他在《意言・天地》篇說：

　　　　山川、社稷、風雲、雷雨有神，則天地益宜有神。吾聞輕清者爲天，

　　重濁者爲地；未聞輕清之中更結爲臺殿宮觀及天神之形質也。

這是說洪亮吉認爲天地萬物皆是一氣變化，陰陽作用的結果。《黃帝內經・陰陽應象大論》曾言「清陽爲天，濁陰爲地。」〔註31〕而王充《論衡・談天》篇也曾說「天地，含氣之自然也。」〔註32〕由此可見，洪亮吉便是受此見解的影響，認爲天和地都是物質性的氣構成的，輕清的氣上揚構成天，重濁的氣下凝構成地，且這氣絕不可能凝聚爲具有天神和地祇形質的人格神及其居住的臺殿宮觀。因此說天地是神，顯然是荒謬的。洪亮吉深怕這樣的解釋仍不夠完整，於是又進一步述說：

　　　　天苟有神，則應肖天之圓以爲形；地苟有神，則亦應規地之方以爲狀。

　　今世所傳天神地祇之形，則皆與人等，是則天地能造物之形，而轉不能自

〔註29〕（一）句龍，相傳是帝顓頊的土官，能平九州，辨土地之宜，後被祀爲后土之神。
　　　　見《周禮・春官大宗伯》注，此據《十三經注疏》本。

　　　　（二）后稷，相傳是周人的祖先，名棄。堯時曾作過農師，封于邰，號后稷，別姓
　　　　姬氏。後來被祀爲稷神。見《史記・周本記》。

〔註30〕烈山氏，即炎帝神農氏。傳說神農氏生於烈山（今湖北隨縣北），所以又號烈山氏。

〔註31〕見南京中醫學院醫經教研組《黃帝內經素問譯釋・陰陽應象大論》（上海科學技術出
　　　　版社出版，1989年9月第二版第六次印刷），頁42。

〔註32〕見王充，《論衡卷十一・談天第三十一》，此據《諸子集成》本。

造其形；不能自造其形，乃至降而學人之形，有是理乎？推而言之，華山
之形，削成而四方；泰山之形岑崿而軒舉。使皆有神，則華山之神亦應肖
削成四方之形；泰山之神亦模岑崿軒舉之狀；皆不得學人之形以為形也。
《意言·天地》

可見萬能的天神地神不能按天形地形造出自己高貴尊嚴的形象，卻按普通人的模樣
塑造自己，這實在與自己至高無上的地位和無與倫比的神通不相符合。因為一切尊
貴有知的高級東西，都應有自己不同於凡俗、低級東西的特點。天的形狀是圓的，
地的形狀是方的。天為神，有知，就應以圓為自己的形狀，以圓為最尊。地為神，
有知，就應以方為自己的形狀，以方為最尊。降而為人形，與人同類，就喪失了神
高貴尊嚴的特徵了。同樣的道理，華山之神應像華山的「四方之形」；泰山之神應像
泰山的「岑崿軒舉之狀」，而不應該是今人所見模樣。所以洪亮吉抓住了有神論者——
——神的超人性與神有人形、人格的矛盾，給予天地諸神有力的打擊，並了解到是人
按自己的形象造神這一宗教神學的本質問題——人創造了神，而不是神創造了人，
只差明確地一語道破了〔註33〕。

其次就「有鬼」而言：洪亮吉認為生死是一氣的變化，人死不能為鬼。他說：

人之生，稟精氣于父，稟形質于母，此其所以生也。及其死，歸精氣
于天，歸形質于地，此其所以死也。《意言·父母》

又說：

歸於天者，復能使之麗于我乎？歸于地者，復能使之塊然獨立，一肖
其生時乎？《意言·天地》

洪亮吉無疑是認為天地生人是氣的偶然聚合，人死則是氣的自然散逸，它偶然而來，
又倏然而去。怎麼可能成為害人的厲鬼？而這種思想，早在王充時就有。王充說：「夫
天地合氣，人偶自生也。」〔註34〕所以洪亮吉認同此思想，遂主張人的出生既是天
地間本有氣的偶然聚成，那麼它對天地間自然不會有影響。故他在《意言·父母》
篇說：

當其偶然而生，是天地間多一我也，多一我而天地之精氣不加減；及
其倏然而死，是天地間少一我也。少一我而天地之精氣不加增。

由此可見，氣偶聚，人則生；氣散逸，人則死。既然人死氣散，又怎麼可能成為人
們心中「無腳無影」的厲鬼呢？所以洪亮吉在此根據鬼的形象駁證了「人死為鬼」
的說法是不成立的。

〔註33〕同註9，頁825～826。
〔註34〕見王充，《論衡卷三·物勢第十四》，此據《諸子集成》本。

統而觀之，洪亮吉針對迷信者對鬼神的見解，採取「以子之矛，攻子之盾」的方法，對症下藥，一一駁證他們的觀點。經過事實論證、事理辯證後，逐步將有神論的矛盾組合起來，使那不合理的荒唐乖戾處更加明顯，讓世人自己判斷，期望產生「與我心有戚戚焉」的效果。而文章論及到此，洪亮吉再次明確的歸結出「天地無鬼神」的結論，實與前面所言「鬼神生於林林總總的人心」互相印證了。

第五節　否定宿命論及輪迴果報說

宿命論和輪迴果報說皆是有神論的重要思想，也是佛教用語。然何謂宿命論和輪迴果報說呢？先觀前者，佛家認為「人們前世都有生命，或為天或為人，或為餓鬼、畜生，流轉不息，生沉不定，今生的命運是由前世所為善惡決定的」〔註35〕；再論後者，佛家認為世界眾生莫不展轉生死於六道之中，且會有因果報應，即所謂種善因，報以善果，種惡因，報以惡果〔註36〕。綜觀佛家對宿命論和輪迴果報說的解釋，無非是認為宇宙中有一主宰者，它知悉宇宙萬物的一切並依萬物的表現來主宰其命運，因此萬物今生的命運往往是決定於前世的表現，而今世的表現將導致來生的「輪迴果報」。然而一般的迷信者往往只注意「今生的命運往往是決定於前世的表現」，而忽略「今世的表現將導致來生的『輪迴果報』」，即只重視今世而不管前世或來世，一味地宣傳「生死有命，富貴在天」。而且認為這種命運既是天注定，那麼後天一切的努力將不能改變命運，萬事只能聽天由命，於是遂抱著「船到橋頭自然直」、「今朝有酒今朝醉」的態度度日……這無疑會讓人們消極、失去奮發圖強的上進心。且在本文之前，洪亮吉已經多方論證無鬼神，也就是證明天地間實無主宰者。既無主宰者，當然更不認同宿命論和輪迴果報說。故他在《意言・命理》篇開宗明義便言：

〔註35〕 宿命：佛教語。前世的生命，對今生、今世而言。佛家認為人們前世都有生命，或為天或為人，或為餓鬼、畜生，流傳不息，升沉不定，今生的命運是由前世所為善惡決定的。《四十二章經》十三：「沙門問佛，以何因緣，得知宿命，會其至道？」《法苑珠林》一○○懈惰引，《譬喻經》：「便往詣象，手捉象耳而語之，……象思比丘語，即識宿命，見前因緣，愁憂不食。」

〔註36〕 （一）、輪迴：也作「輪回」。佛家認為世界眾生莫不展轉生死於六道之中，如車輪旋轉，稱為輪迴。惟成佛之人始能免受輪迴之苦。《法華經方便品》：「以諸欲因緣，墜墮三惡道，輪迴六趣中，備受諸苦毒。」

（二）、果報：佛教語。因果報應，即謂種善因，報以善果；種惡因，報以惡果。《法苑珠林》七七，《無三昧經》：「一善念者，亦得善果報；一惡念者，亦得惡果報。」《南史江革傳》時帝（梁武帝）惑於佛教…又手勒曰：果報不可不信。」

人之生，修短窮達有命乎？曰：「無有也。」

洪亮吉之所以能斬釘截鐵地回答無宿命，一定有其充分的理由。所以他以邏輯類比的方式，闡述並說明天不能司主人之命運。他說：

> 何以言修短窮達無命？夫天地之內有人，亦猶人生之內有蟣蝨也。天地之內人無數，人身之內蟣蝨亦無數。夫人身內之蟣蝨，有未成而遭殺者矣；有成之久而遭殺者矣；有不遭殺而自生自滅于緣督縫衽之中者矣；又有湯沐具而死者矣；有澣濯多而死者矣；如謂人之命皆有主者司之，則蟣蝨之命，又將誰司之乎？人不能一一司蟣蝨之命，則天亦不能一一司人之命可知矣。《意言‧命理》

洪亮吉認為人生蟣蝨好比天地生人，人既不司蟣蝨之命，則天自然也不能司人之命。在他看來，人是自然界長期發展的產物，屬於自然物的一種。既為自然物，人當然必須在自然界中自生自長，自榮自亡，因此肯定人的命運是自主並不受天（神）的控制。人的命運既然是自主，那麼今生的富貴貧賤想當然也不是必然性，亦非上天安排的。洪亮吉於是又用類比的方法，舉例說明。他在《意言‧命理》篇接著說：

> 或謂人大而蟣蝨小，然而天地視之，則人亦蟣蝨也，蟣蝨亦人也。蟣蝨生富貴者之身則居于紈綺白縠之內；蟣蝨生貧賤者之身，則集于鶉衣百結之中。不得謂居于紈綺白縠者，蟣蝨之命當富貴也；居鶉衣百結之中者，蟣蝨之命當貧賤也。

可見不論人或是蟣蝨由宇宙天地觀之，皆是渺小無比的。「人既不能一一決定蟣蝨的生命長短，則天亦不能一一決定人的命運。」至於富貴貧賤也是如此。洪亮吉以蟣蝨為例，蟣蝨生於富貴者的華裘麗裳，還是生於貧民之襤褸破衣，並非有什麼「命」在司之，而是純屬偶然。因此和蟣蝨同存天地間的人類，他們的貧達禍福也是如同蟣蝨的，完全是偶然的。且說洪亮吉為何會有命運是偶然非必然的說法，他又舉例說明闡述其理：

> 吾鄉有蟣蝨多而性卞急者，舉衣而投之火。夫舉衣而投之火，則無不死之數矣。是豈蟣蝨之命同如此乎？是亦猶秦卒之坑新安，趙卒之坑長平，歷陽之縣，泗州之城，一日而化為湖之類也。蟣蝨無命，人安得有命？
> 《意言‧命理》

洪亮吉舉出有人把生了許多蝨子的衣服投入火中，蟣蝨頃刻皆死，難道這些蝨子都是命中注定要這樣的嗎？這與唐代呂才批判祿命說時所舉的秦卒之坑新安、趙卒之

坑長平、歷陽之縣、泗州之城一日而化爲湖等事例是相類似的〔註37〕。「蟪蚓無命，人安得有命？」洪亮吉吸取了前人的經驗，用確鑿的事實，普通的事例進行正確的類比推理，反覆證明了宿命論的虛妄不實。正因爲洪亮吉反對宿命論，不相信命運，所以雖然他幼年家境困頓，他仍可在貧困中力學，且久困場屋後仍抱持希望、不放棄求取功名，經過長期奮鬥後，終於在四十五歲考中進士改變人生際遇。深信支持他積極進取的力量，無疑是這不相信宿命論的思想。

宿命論及輪迴果報既是不切實際的，然而爲何宗教信仰或聖賢、統治者會宣揚此說？洪亮吉於是針對此問題，提出他的看法。他說：

> 人之生，修短窮達有命乎？曰：「無有也。修短窮達之有命，聖人爲中材以下之人立訓也。亦猶釋老造輪迴果報之說。豈果有輪迴果報乎？」
> 曰：「無有也。輪迴果報之有說，亦釋氏爲下等人說法耳。」《意言・命理》

這裏是洪亮吉採謹慎的態度，審視宿命論及輪迴果報說的原因，發現這是由聖人專爲資質中等的人所設立的，同時也是宗教信仰爲下等人民立說的。聖人和宗教爲何會如此？是否有特別的用意，洪亮吉在《意言・命理》篇說：

> 然中材以下，不以命之說拘之，則囂然妄作矣。亦猶至愚之人不以輪迴果報之說怵之，則爲惡不知何底矣。吾故曰：「中材以下不可不信命。是聖人垂戒之苦心也。亦猶至愚之人，不可不信輪迴果報說，亦釋氏爲下等人說法之苦心也。亦即釋氏所恃，以不廢之一術也。」

原來聖人立訓和宗教信仰宣傳宿命論及輪迴果報說，有其安定社會的苦心。何以言之？因爲社會上的人，依天資的聰明，大概可分上、中、下三等。可見中等天資和下等天資的人佔大多數，也就是說這些人的動向攸關社會國家的安定。而聖人和立教者，爲了防止這些智商中庸的人民胡思亂想、誤入歧途，便虛構了這一套說辭：上天主宰人的命運，並隨時監視著，即所謂「舉頭三尺有神明」。所以人必須安份守己，切勿爲惡，如此一來上天（神）才不會降禍於人。而且人一旦作了不正當的事，馬上會有因果循環的惡報，所謂「善有善報，惡有惡報」正是這個道理。且說人若一直執迷不悟，到處爲惡，宗教家更宣稱其死後不但不可以上天堂，而且還會下地獄受苦，所以勸人爲善，多積陰德，必有善終⋯⋯這一切的一切洪亮吉皆知其理。因此他在論述宿命論和輪迴果報說實無的同時，還闡述了神道設教的用心。

天地無鬼神，乃是洪亮吉無神論思想的終旨。天地間既無鬼神，那麼人的命運自然不受天地鬼神的控制，一切的禍福存亡皆跟鬼神無關。然而，誰可以決定人的

〔註37〕見新校本，《舊唐書》卷二十九（台北：鼎文書局出版），頁2721。

命運呢？洪亮吉認為既不是上帝鬼神，也不是佛祖神仙，而是人類自身。所以人應該由本身做起，把握自己的人生，關心周圍的事物，才能創造出屬於自己的天空。他說：

> 人即有不孝于家，不弟于室者，未有不畏官法；人即不孝于家不弟于室者，未有不畏鬼神。二者較之，其畏官法也，尚覺有不可。奈何至畏鬼神也，則出于中心之誠而已。《意言‧禍福》

洪亮吉發覺世人關心在意的事，並非自己最密切的家室和親長，他們所畏懼的卻是官法和鬼神。而且二者比較，人們畏懼官法仍會覺得些許不服和不妥，然而在敬畏鬼神方面，卻往往做到心悅誠服，完全出自一己之誠。原來人們畏鬼神不是因為鬼神聰明正直，而是又陷入鬼神能禍福人的錯誤觀念，所以洪亮吉認為當時人們不顧自己周圍的人、事、物，反而去相信、去敬畏世間實無的鬼神，這無疑是本末倒置。故他接著又說：

> 吾故曰：「人能以畏官法之心畏其父兄，則可謂知所畏矣。人能以敬鬼神之心敬其父兄，則又可謂知所敬矣。」《意言‧禍福》

洪亮吉認為人若能將敬畏的對象，由官法和鬼神轉移到父兄親長，則才算真正了解尊敬和畏懼的意義了。因為「哀哀父母，生我劬勞」。父母生我、養我、育我，恩情之深真是昊天罔亟；親長更是教導我、愛護我、保護我的長輩。人應該要追本溯源，永懷感恩。所以洪亮吉認為人應當以敬畏之心敬事親長，而不是虛妄不實的鬼神。總之，洪亮吉不信天命重人事，不信虛妄重現實的人本思想，是對宿命論有力的挑戰，閃耀著無神論思想的光芒。

洪亮吉目睹乾嘉年間宗教迷信的發展，有愈來愈嚴重的趨勢。上至王公貴族（統治者）下至平民百姓（被統治者），信仰者遍及國內。由於迷信者堅信唯有祭祀鬼神才可避禍求福，因此一切的思想行為便以祭拜鬼神為首要之務。這麼一來，無疑會壓抑人們的主動性和創造性，束縛著人類的思想，嚴重影響社會國家的進步。洪亮吉看在眼裏，憂在心坎，遂發他《意言》的無神論思想。

洪亮吉一方面了解人們迷信的嚴重性，另一方面也知鬼神迷信的產生並不是短期造成的，因此如何才能拔除久藏人類心中的鬼神觀？洪亮吉著實費了一番苦心。經過深思熟慮後，他決定先站在人們的立場做「同情的了解」──了解人們所以會接受鬼神觀念的原因。在他認為鬼神無疑是生於林林總總之人心，而且人之心可歸納為三類：一是由於自然和社會生活中存在著種種怪異現象，人們把這種怪異現象作了鬼神迷信的解釋；一是由於人們孝親敬祖的心理原因；還有一種原因，則是有人以迷信為謀生取食之道，故意騙人，榨取錢財。洪亮吉這樣的分析，接觸到鬼神

迷信論的認識根源、心理根源、和社會根源。有了「鬼神生於林林總總之人心」做為基本立論後，便展開對有神論（鬼神迷信）的駁證。

首先，針對有神論「神」本身全知全能及善惡分明的形象，推理出「雷誅不孝」、「雷誅隱惡」傳說的矛盾荒謬，進而證明「禍福善惡無關乎鬼神」的事實。然而為何民間會流傳鬼神禍害於人的史籍故事呢？洪亮吉於是便展開歷史考察，他舉四個史籍故事為例，說明古代人心目中的鬼（高、曾、祖、考）神（山川、社稷、風雲、雷雨）並不會害人，而三代以後害人者是怪非鬼神。因此鬼神禍福於人的傳說根本是虛構不實的。既得知鬼神不能禍福人，洪亮吉於是趁勝追擊，再以傳說鬼神的形象，進一步用事實推理出天地無鬼神。鬼神實生於林林總總的人心，人們一念有即有矣。回歸到基本論點再次強調天地間不存有鬼神，打破有神論「有超物質的創造者與主宰者」、「靈魂不滅」等的主張。

洪亮吉用盡心思地勸說天地無鬼神，無疑是否定了天地間的主宰者，既無主宰者，那麼「宿命論」和「輪迴果報」說自然便不攻自破了。然而洪亮吉深怕人們不知此理，於是又用類比的方法，以「天和人」及「人和蟣蝨」兩對比為例，闡述人不能司主蟣蝨之命，同理可知天亦不能司主人之命運，再次說明天地並無主宰者。而且明確地指出人的命運好比蟣蝨的命運，是偶然造成而非必然的宿命。然而聖人和宗教家又為何一直強調「宿命論」和「輪迴果報」說呢？洪亮吉便進一步研究，發現這是聖人和宗教家為安定社會，防止人作亂的方法，並非真有「宿命」和「輪迴果報」。因此天地間既無鬼神可司主人的命運，那麼人的禍福存亡當然決定於人類自身。人應該自立自強，關心周遭真實的人事物，不要再去執迷於鬼神的祭拜，因為鬼神是虛構不實的。人們唯有將敬畏鬼神之心轉移到真實存在的父母親長，也就是要以孝順父母（孝）、恭敬長上（悌）為力行原則，那麼才不會本末倒置、是非不分了。

總之，洪亮吉的無神論思想是針對迷信者對鬼神的見解，採取「以子之矛，攻子之盾」的方法，經過事實推論和事理辯證後，逐步將有神論的矛盾組合起來，使那不合理的乖戾處更加明顯，讓世人自己判斷、自我醒悟，了解鬼神迷信的虛誕不實，進而將關心的焦點放在真實的父兄親長。正如楊榮國〈洪亮吉的無神論思想〉一文中所述，「他宣揚無神論思想，客觀上是對封建統治集團的崇尚迷信鬼神之說的揭露和批判」，同時也「對破除迷信，對民智的開展有著積極的意義」〔註38〕。然而平心而論他的無神論思想在整個無神論發展史上，並不是最完善最精闢的見解，相對地會顯得較粗淺、不深入（例如：仍停留在「天圓地方」的蓋天說；「三代以後，

〔註38〕同註7，頁101。

害人者爲怪」等論證簡單、不深入……等等）。這雖然是洪亮吉無神論思想的遺憾處，然而就當時（乾嘉）的時代環境觀之，洪亮吉能跳出純學術的考據訓詁圈子，注意到種種社會上現實的問題。關懷國事，留心人民生活，毅然以天下國家爲己任，並將其所見所聞抒發爲文，藉以善盡一個知識份子的言責及使命。這樣的情操和認知，實屬難得。所以洪亮吉的無神論思想雖不深入，基本上還是值得稱許的。

第五章　《意言》中觀察敏銳的社會觀

　　洪亮吉《意言》二十篇，無時不以人為探討主題，這可看出亮吉積極入世、關心民瘼的人生態度。何以言之？從崇尚實際的自然觀開始，便將論題的焦點置於人身上，探討「人」和天地萬物的關係及其相處之道；而在事實辯證的無神論中又藉由鬼神生於「人」心的事實來破除鬼神禍福的迷信。可見洪亮吉一再以「人」為主題，無非是欲將人們的眼光，由虛誕不實的訛說中轉移到實際存在的真實人生。而人類是群居的動物，在彼此互相關係的情況下，便形成了社會。人類在社會中生活，自然受其影響，兩者關係密不可分。所以關心真實人生，無疑是關懷社會，因此洪亮吉《意言》中自然也不會忽略此一論點。

　　試由洪亮吉人生經歷觀之，由於亮吉早年生活貧苦不定、寄人籬下；成年後歷參幕職、往返奔波；功名得第後，又歷任官職、壯遊四方⋯⋯舉凡朝廷京師、民間城鎮、甚至窮鄉僻野，他都親眼目睹、親身經歷。因此他對乾嘉年間政治的黑暗，吏治的敗壞，社會的風氣以及民間的疾苦，往往會有比較深刻的了解和觀察。再加上他為人「喜論時事」〔註1〕及「明恩怨、別是非」〔註2〕，因此便將心中感觸抒發為文，形成他觀察敏銳的社會觀。

〔註1〕見趙爾巽，《清史稿列傳》一百四十三，〈洪亮吉〉，載刊於周駿富輯，《清代傳記叢刊》，冊〇九二（台北：明文書局出版（下引周駿富輯，《清代傳記叢刊》版本並同）），頁225～229。

〔註2〕見趙懷玉，〈洪君墓誌銘〉：「（亮吉）君厚於天稟，精力過人。然明恩怨、別是非，少容人，量遠遠，負氣罵座。予好辨，每與之爭，至面項發赤不止。」載刊於周駿富輯，《清代傳記叢刊・碑傳集》，冊一〇九，頁007。

第一節　昔之守令居心在民，今之守令居心爲己

洪亮吉《意言·守令》篇開宗明義便言：

> 守令，親民之官也。一守賢，則千里受其福。一令賢，則百里受其福。

「守」，秦時爲一郡之長，後爲郡守、太守、刺史的簡稱；「令」，如令尹、令君、令長等，皆表縣令、縣長之職稱。由此可知，守令好比州縣官。州縣官應「爲民父母」、「愛民如子」，這是清代州縣官的重要官箴〔註3〕，《牧民須知》對此有詳細的說明：

> 牧令（州縣官）民稱父母，何也？蓋因其有教養之責，與民休戚相關、故稱其父母。使其顧名思義，常存惠愛之心，爲牧令者，當以目前之赤子，如膝下之兒孫。民之所好者好之，民之所惡者惡之〔註4〕。

州縣官俗稱「父母」之說，反映了州縣官直接治民的特點。也就是亮吉所言：「守令，親民之官也。」另外，「父母官」之涵意，無非是體現了州縣官應該「爲民父母」「愛民如子」。若能如此，無怪乎亮吉要說「一守賢，則千里受其福。一令賢，則百里受其福」了。

「愛民如子」無疑是《牧民須知》中所言「常存惠愛之心」〔註5〕。由此可見爲官治事取決於官者當政的「心態」。洪亮吉深知此理，故他在《意言·守令》篇中言：

> 然則爲守令者，豈別有異術乎？亦惟視守令之居心而已。

進一步更以「居心」的不同，對比古今官令的不同。他說：

> 往吾未成童，恃大父及父時，見里中有爲守令者，戚友慰勉之，必代爲之慮曰：「此缺繁？此缺簡？此缺號不易治？」未聞及其他也；及弱冠之後，未入仕之前，二三十年之中，風俗趨向頓改。見里中有爲守令者，戚友慰勉之，亦必代爲慮曰：「此缺出息若干？此缺應酬若干？此缺一歲之可入己者若干？」而所謂民生吏治者，不附挂之齒頰矣。《意言·守令》

洪亮吉在此以親身體驗敘說：乾隆前期，亮吉幼時佇足大人身旁、聆聽其對談時，人們往往會向新任守令詢問職位的工作份量如何？是繁重複雜？或是簡單清閒？會不會難以治理以致無法勝任？……反之，亮吉「弱冠之後，未出仕之前」，即指乾隆三十～乾隆五十五年間，人們遇新任守令，其圍繞的話題卻變成此職位的收入多少？平日應酬的機會多不多？一年大約可淨賺多少？……無疑皆是在「錢」的問題上打

〔註3〕見李喬，《清代官場百態》（台北：雲龍出版社出版，1991年6月台一版），頁12。
〔註4〕同註3，頁13。
〔註5〕同註3，頁13。

轉，對於所謂立身之道、報國之忱、勤民之穩皆置之度外，即所謂「民生吏治」不復談起。由此可見洪亮吉成年後官場的風氣已改變，從原本注重大眾利益轉變成爲官者個人的私利，於是乾隆三十年後的守令：

> 其心思知慮親戚、朋友、妻子、兄弟、奴僕、媼保于得缺之時。又各揣其肥瘠，及相率抵任矣。《意言·守令》

官吏心思一直替自己和親人們留意，若有俸祿高的官職則會互相知會，到府任職。所以「守令之心思，不在民也。」《意言·守令》且對職位的取捨，「必先問一歲之陋規爲何？屬員之饋遺若何？錢糧稅務之贏餘若何？」《意言·守令》不但不關心自己是否有勝任的能力，或是考量爲政事可否利民……等的問題；一旦得官反而只會和親友們同流合污、唯利是圖。如此說來，守令自己已不正，更何況守令的妻子、兄弟、親戚、朋友、奴僕、媼保之流，往往狐假虎威，各挾谿壑難填之欲，助守令以謀利。這種情形，導致守令常爲高薪而輕易離職，加上守令親友們的仗勢欺人，從中剝削，身爲百姓自然苦不堪言。對於這種守令變質的問題，洪亮吉《意言·守令》篇中曾真實揭露。他說：

> 守令之心思不在民也。必先問一歲的陋規若何？屬員之饋遺若何？錢糧稅務之贏餘若何？而所謂妻子、兄弟、親戚、朋友、奴僕、媼保者，又各挾谿壑難滿之欲，助之以謀利。于是不幸一歲而守令數易，而部內之屬員，轄下之富商大賈以迄小民，已重困矣。《意言·守令》

由此可見洪亮吉幼年到成年，十幾年間，政風已委靡，守令居心前後不同，不再是「愛民如子」的父母官，反而是處處與民爭利的貪官……，這種現象一言以蔽之，便是「昔之守令居心在民，今之守令居心爲己。」

　　洪亮吉對當代爲官者的看法，其在嘉慶四年上疏的〈極言時政啓〉中表露無遺。他說：

> 蓋人材至今日，銷磨殆盡矣。以模稜爲曉事，以軟弱爲良圖，以鑽營爲取進之階，以苟且爲服官之計〔註6〕。

爲官者若以這樣的作風當政，洪亮吉深爲國家政局憂慮矣。他說：

> 夫此模稜、軟弱、鑽營、苟且之人，國家無事，以之備班列可也；適有緩急，而欲望其奮身爲國，不顧利害，不計夷險，不瞻徇情面，不顧惜身家，不可得也〔註7〕。

又說：

〔註6〕同註1，冊○九二，頁227。
〔註7〕同註1，冊○九二，頁227。

在內部院諸臣，事本不多，而常若狒狒不暇，汲汲顧影，皆云多一事
不如。在外督撫諸臣，其賢者斤斤自守，不肖者巫巫營私。國計民生，非
所計也，救目前而已；官方吏治，非所急也，保本任而已。慮久遠者，以
爲過憂；事興革者，以爲生事，此又豈國家求治之本意乎〔註8〕？

由此可見乾隆年間爲國效命、愛民如子的朝廷命官幾已無矣，官治實有重大缺失。
洪亮吉目睹此況，不得不發「此豈國家求治之本意乎」之慨嘆了。

第二節　昔之吏胥益民，今之吏胥擾民

　　清中葉的地方官治，一般是由朝廷命官與當地吏胥組成行政衙門。因此如前一
節所言洪亮吉揭露了當代守令情形後，自然也不會忽視吏胥的狀況。洪亮吉指出「今
之吏胥，非古之吏胥。」《意言・吏胥》對於此點洪亮吉先對吏胥的職權作一歷史考
察。《意言・吏胥》篇言：

三代以前，府史胥徒，庶人在官者是矣。漢以來諸曹掾史、三老、嗇
夫、游徼、亭長里魁、什、伍等類是矣。

這裏亮吉首先點明三代以前吏胥的成員，皆由一般平民百姓擔任。接著他便略述一
下漢以來諸吏胥的種類，進而探討他們的職務。他說：

三老掌教化；嗇夫主知民善惡爲役先後，知民貧富爲賦多少；游徼掌
徼巡，禁司姦盜；亭長主求捕盜賊，承望都尉；里魁掌一百家；什主十家，
伍主伍家，以相檢察而已。《意言・吏胥》

洪亮吉在此分別敘述了曹掾史、三老、嗇夫、游徼、亭長、什、伍等的職務，無非
是指漢以來的吏胥，他們職權劃分清晰，且各司其職，各盡其能。正因爲他們奉公
守法，人盡其才，朝廷方面遂有進升的管道。諸如：

三代時府吏胥徒之賢者，即可遞升爲上士、中士、下士。漢以來三老
嗇夫，掾史之賢者，即可遞升爲承尉、守令。《意言・吏胥》

另外，古代爲官者往往是眞才實學，故「其人又通曉經術，明習法令，不特不至擾
民，或尚可有益於民。」《意言・吏胥》因此洪亮吉在此說明了正因昔日吏胥頗具才
華，故其居朝爲官時，自然益民。以上便是古之吏胥的情形。洪亮吉論到此處，語
氣一轉，便開始論述當時吏胥。他說：

今日之勢，官之累民者尚少。吏胥之累民者甚多。《意言・吏胥》

〔註8〕同註1，冊○九二，頁227。

雖然這話尙有偏頗處，乾隆後期和珅這樣天字第一號大貪官，其累民程度自然不會低，但當時和珅事件尙未暴露，而且朝官中像和珅一類的人畢竟是極少數，直接侵擾人民的往往還是那些吏胥。何以言之？吏胥又稱書吏、書辦，是官衙中掌理案牘的小吏，包括京吏和外吏。且吏胥在清代官場上非常活躍，對於清代政治有相當重要的影響，史稱「清朝與胥吏共天下」。然而吏胥對於清代政治有非常惡劣的影響，因爲他們往往有執例弄權、舞文作僞、敲詐索賄……等惡行，故素有「蠹吏」、「衙蠹」、「書蠹」之稱〔註9〕。而且清代吏胥，並不似昔之吏胥有升遷的管道，即使再出色，也很難有機會擢爲正式職官。因此既無登進之途，遂專私營利，即亮吉所謂「登進之途既絕，則營利之念益專。」《意言·吏胥》更何況「自唐宋以後，流品日分。凡世門望族以及寒俊之室，類不屑吏胥。」《意言·吏胥》所以在一般豪門子弟或清寒士子皆鄙棄「吏胥」的情況下，還願意擔任吏胥此職者，殆爲幾希，「不過四民中之奸桀狡僞者耳。」《意言·吏胥》由此可見吏胥的水準世風日下，以這樣「奸桀狡僞」的人擔任「蠹吏」的工作，便可預其營利情勢的嚴重和百姓命運的悲慘。洪亮吉在《意言·吏胥》篇中就曾生動描寫：

> 姓名一入卯簿，則或呼之爲公人，或呼之爲官人。公人官人之家，一室十餘口，皆鮮衣飽食。咸不敢忤其意。其始鄰里畏之，四民畏之，甚至士大夫亦畏之。

「奸桀狡僞」的吏胥，一般民眾皆不敢忤其意，遂使他們橫行無阻，鮮衣飽食。甚至「若有奸桀出把持官府之人，則官府亦畏之矣。」《意言·吏胥》何以朝廷命官會畏懼吏胥？李喬《清代官場百態》中曾予以探討。探討一般官吏受制吏胥的原因，其因有二：一是不熟悉例，二是官暫吏久〔註10〕。以下分別說明：

首先就「不熟悉例」而言：吏胥挾例弄權是清代一大弊政。從中央到地方的各級衙門，經常要辦理大量有關任免官吏、刑名錢穀、興辦工程等內容的公務，辦公過程中要處理大批案牘文書。對於這些案牘文書，堂官（尚書）、司官（郎中、員外郎、主事）等衙門負責人都是不熟悉的。因爲他們大多是科舉出身，學的是沒有實用價值的帖括制義，而不習法令世務。尤其是清代處理刑名等事，不但要依據《大清律》，還須諳熟繁多靈活的「例」（諸如「丟失東城門鑰匙比照丟失印信處理」這樣的「例」文，有一千八百九十餘條之多），對這些例，官員們更是極爲生疏。而反觀吏胥是具體辦理案牘文書的人員，都諳熟例案，因而實際權力很大，常可執例以制長官。官員們因爲自己不如書吏，只好「奉吏爲師」，吏進稿便只是唯唯畫諾。因

〔註9〕同註3，頁192。
〔註10〕同註3，頁192～196。

此自大學士、尚書、侍郎、以至百司，皆唯諾成風，聽令於吏胥〔註11〕。

再就「官暫吏久」而言：因為官員總要調動，吏胥往往是穴居衙門，所謂「鐵打的衙門流水的官」、「官去衙門在」。因而吏胥不怕違背現任官員的意旨〔註12〕。況且若因官吏勾結作惡，一旦東窗事發，朝廷追究其責，真正受罰的往往是官，而吏胥不過是笞杖、革役而已。對此《意言·吏胥》篇中曾明白地說：

> 守令所以得罪者，大半由吏胥始，則導之貪，導之酷，導之斂，怨于民。及至守令陷于法而爲吏胥者，不過笞杖而已，革役而已。至新舊交代之時，則又夤緣而入。

經由第一節、第二節分別論述守令、吏胥後，我們便可藉由洪亮吉所言，得知清代官治不似古代，已明顯變質。然而這種變質現象，究竟是如何擾民，其方法爲何？其程度又如何？將於下一節繼續探討。

第三節　守令吏胥貪得無厭、愚民蠹國

綜觀歷代官治，守令和吏胥通常是與民眾直接接觸的官吏。不但爲地方保母，同時也是民間與朝廷溝通的橋樑。然而清代從乾隆皇帝六次南巡的奢靡，到和珅權臣斂財億萬的貪黷，所謂「上樑不正下樑歪」，在這樣壞榜樣影響下，全國上下吏治敗壞，貪污成風。守令和吏胥遂不再是人民保母，反而成爲剝削民益的蠹蟲。

洪亮吉目睹當代時局，首先就「守令」而言：本章第一節已敘述過，守令居心不再似古代「愛民如子」，相反地只會關心「一歲之陋規如何？屬員之饋遺若何？錢糧稅務之贏餘若何？」《意言·守令》置民生福利於度外。不但如此，還積極地與民爭利迫害人民。關於此點，洪亮吉在嘉慶三年〈征邪教疏〉中有大膽揭露。他說：

> 今者楚蜀之民，聚徒劫聚，陸梁一偶，逃死晷刻，始則惑于白蓮、天主、八卦等教，欲以祈福；繼因受地方官挾制萬端，又以黔省苗氛不端，派及數省。賦外加賦，橫求無藝，忿不思患，欲借起事以避禍，邪教起事之由如此〔註13〕。

又說：

〔註11〕同註3，頁192～196。
〔註12〕同註3，頁192～196。
〔註13〕見洪亮吉，《卷施閣文甲集卷十·征邪教疏》，載刊於洪用懃等編撰，《洪北江（亮吉）先生遺集》（一）（台北：華文書局出版，1969年（下引洪用懃等編撰，《洪北江（亮吉）先生遺集》版本並同）），頁567。

今日州縣之惡，百倍于十年二十年以前。上敢驫天子之法，下敢竭百
姓之資。以臣聞湖北之宜昌，四川之達州，雖稍有邪教。然民皆保身、戀
妻子，不敢犯法也。州縣官既不能消靡化導于前，及事有萌蘗，即借邪教
之名，把持之、誅求之，不逼至于爲賊不止〔註14〕。

可見州縣守令貪贓枉法，賦外加賦，魚肉良民，迫使人民爲賊，因而揭竿起義，故
貪官污吏實爲邪教內亂的導火線。至於貪官污吏的惡行，洪亮吉在其詩集中也有深
刻的描述。如〈朝阪行〉中言：

三門當黃河，門半以土室。惟開城西門，日夕車馬出。居民防害願築
堤，萬城齎石兼運泥。君不見河流已退催租急，堆土若山堤未立。昨傳黃
流增，驛到八百里。官方早坐衙，失色推案起。白頭吏人前執據，官今勿
驚安眾愚。君不見官無一言吏會意，日午傳呼縣門閉〔註15〕。

這裏描述官吏利用黃河水災盤剝百姓，繳納錢財。然而平時卻不築堤，面臨水患時，
往往不籌一策，閉城自守的惡劣行徑。

另外，洪亮吉目睹時局，他還歸納出州縣吏治有三大錮弊：上恩不下達，中飽
有司；下情不上達，橫霸一方；邀功避責，報喜不報憂。關於此論點詳述於〈征邪
教疏〉：

今日州縣，其罪有三：凡朝廷捐賑撫卹之項，中飽于有司，皆聲言填
補虧空，是上恩不下逮一也；無事則蝕糧冒餉，有事則避罪就功，州縣以
蒙其府道，府道以蒙其督撫，甚至督撫即以蒙皇上。是使下情不上達也；
有功則長隨幕友皆得冒之，失事則掩取遷流，顛踣于道之良民以塞責。然
此實不止州縣，封疆之大吏、統率之將，并皆公然行之。安怪州縣之效尤
乎三也〔註16〕。

由上述種種，可知州縣禍民之惡。然而洪亮吉痛感當時朝政吏治的敗壞，其中打擊
最多的不是州縣守令，而是吏胥的敗壞。今便再就「吏胥」而論：洪亮吉《意言·
吏胥》篇中就曾具體道出：

吏胥之于鄉里，其貧富厚薄或能瞞官，不能瞞吏。自一金至百金千金
之家，吏皆若燭照數計究之。入于官者十之三，其入于吏胥者已十之五矣。

吏胥是世襲制，按規定能另立戶簿，這樣長期紮根一地，自然對地方訊息或家族資

〔註14〕同註13，頁569～570。
〔註15〕見洪亮吉，《卷施閣詩卷五·朝阪行》（載刊於洪用勤等編撰，《洪北江（亮吉）先生
遺集》（二）），頁1172。
〔註16〕同註13，頁570～571。

產瞭若指掌，即亮吉所謂「若燭照數計究之」。因此官吏剝削時，吏自然比官獲利較多。而且吏胥對民往往有如地頭蛇般橫行無阻，故洪亮吉接著說：

> 不幸一家有事，則選其徒之壯勇有力、機械百出者，蜂擁而至，不至破其家不止。即間，遇有吏胥之親戚故舊，亦必不稍貸。《意言・吏胥》

在吏胥霸道的縱橫下，沒有任何人可以幸免。「是其上足以把持官府，中足以凌脅士大夫，下足以魚肉里閭。」《意言・吏胥》不但如此，吏胥還會代代相傳。「子以傳子，孫以傳孫，其營私舞弊之術益工，則守令閭里之受其累者益不淺。」《意言・吏胥》如此說來，最了解人民的人無疑是吏胥，同時吏胥也是最容易壓榨人民的當政者，洪亮吉於是在《意言・吏胥》篇中慨嘆：

> 蓋吏之暴如虎，與其使一州邑多數十百虎也，毋寧減之又減。

吏胥專行於民猶如暴虎般凶惡，不禁讓人懷疑清代官治是否一定要有吏胥的存在？所以洪亮吉在其職務和現實狀況的橫量下，語重心長地得出以下結論：

> 此輩即必不可少，亦惟視其必不可少者留之，餘則寧缺無濫而已。《意言・吏胥》

總之，凡諸種種，洪亮吉當代守令和吏胥無疑是貪得無厭、愚民蠹國的冗官。以這樣的官吏為朝效忠、為民服務，無怪乎洪亮吉會在《意言》的〈吏胥〉和〈守令〉兩篇中大膽揭露了。

另外，洪亮吉在《意言》中批評吏治的腐敗，都是概括論定，皆未舉出實例來敘說。這或許是亮吉本身非諫官，不便直言；或是吏治敗壞，舉世皆知，不需明示……等諸多原因。然而，不舉實例仍然會令人懷疑所言是否真實，乾嘉年間是否有許多貪官污吏？筆者於是查閱清史資料，發現史籍記載這段歷史，確實是有貪黷的真人真事。

高宗柄政，雖整頓吏治，不及世宗之嚴屬，而寓寬於嚴，官吏亦尚知畏法。自和珅尊寵用事，中外多其私黨，而貪財嗜貨，相率成風，吏治益敗壞而不可收拾。如乾隆二十二年，山西布政使蔣洲，以虧帑伏法；三十五年，貴州巡撫良卿，以黷法婪贓被誅；四十五年，雲貴總督李侍堯以貪縱營私問罪；他如五十一年，及六十年，伍拉納浦霖之贓款纍纍，富勒渾、黃梅、德明之婪索種種。侵漁動至數十百萬，其貪黷亦可謂甚矣〔註17〕。

除了上述之外，乾隆年間還發生的二大官吏貪黷事件，分別是甘肅捐案和國泰營私。今略述如下：

〔註17〕見金兆豐，《清史大綱・第九章，高宗朝之實錄》（學海出版社出版，1977 年 8 月二版），頁 327。

　　首先是甘肅捐案：「乾隆四十六年五月，阿桂奏『甘肅收捐監糧，係王亶望任藩司時，慫恿勒爾錦奏請開例。且一面即公然折色包捐。故王亶望得擁厚資而去。』清廷大怒，提訊勒爾錦、王廷贊。並令浙撫楊魁，會同總督陳輝祖，就近嚴訊王亶望，令其據實供出。時高宗幸熱河，廷贊赴供，甘省糧賤，折色定數，以五十五兩買補還倉，足敷定額。又因捐生多在省城，改歸首府收捐，仍將銀兩發給各州。縣購買糧食，補填倉儲，按季申報。清廷以捐監收糧，原為倉儲賑濟，何得公然定數折色。且甘肅每年報災需賑，則糧價必昂，而五十五兩之數斷不敷採買，既言糧錢，則收成自必豐稔，而捏災冒賑之弊可以顯然矣。既私收折色於前，復勒買冒銷於後，上下一氣，通同營私，不可不徹底嚴查。」〔註18〕朝廷派人徹底明察後，「按律定擬勒爾錦、王亶望、王廷贊、蔣全迪先後伏法，而程棟、陸煒、那禮善、楊德言、鄭重善、蔣重熹、宋學淳、李元椿、王臣、許山斗、詹耀琳、陳鴻文、黎珠、伍葆光、舒攀桂、邱大英、陳澍、伯衡、孟衍泗、萬人鳳、徐澍英、陳韶等二十二人立坐死焉。」〔註19〕

　　其次是國泰營私案：「國泰以和珅私人，官山東巡撫，勒索屬員、虧帑至數十萬、各州縣尤而效之，虧空亦往往至數萬。唯布政司于易簡攫金穢手，與國泰埒。乾隆四十七年，錢灃疏劾之。奏言山東吏治廢弛，借納貢名，貪婪無厭，官民苦之，所屬州縣、虧空纍纍，請旨按問。且言嗣後願皇上勿受貢物，俾天下督撫無以藉口。高宗覽奏、即命軍機處傳訊，已而有旨隨同軍機大臣，和珅、劉墉、諾穆清等往訊。」〔註20〕後經劉墉等人仔細堪查，發現「封庫多係圓絲雜色，銀蓋借諸商賈以充數者，因詰庫吏得其實。遂出示召諸商賈來領。大呼曰遲來即入官，於是官賈紛紛具領，庫為一空。復往盤他府亦然。案遂定。於是國泰與易簡俱拏交刑部治罪。高宗嘉之，許為敢言，未幾二人俱伏法、前任濟南知府呂爾昌經手勒索，歷城知縣郭德平挪移掩飾，前按察使葉佩蓀、署按察使梁肯堂同城失察，國泰兄國霖遣人送信，均革職拏問治罪。」〔註21〕

　　由上面歷史的真實記載，我們可看到官官相護、貪贓枉法的實例。這些都可和洪亮吉所言吏治敗壞的描述互相印證，這也充分看出洪亮吉關懷社會的熱忱，他已經敏感地意識到官吏貪婪壓榨、腐朽昏庸，會使百姓窮苦不堪、國家政治敗壞的危機。

〔註18〕同註17，頁327。
〔註19〕同註17，頁328。
〔註20〕同註17，頁327。
〔註21〕同註17，頁327。

第四節　牧民之責，應以吏胥爲先

　　洪亮吉目睹朝政官治，感慨良深，遂將所見所聞痛發爲文。然而他在痛斥吏治腐敗後，是否有提出方法以改善時局，也令人關切。故本文便以此爲論說重點，觀察亮吉所言。洪亮吉揭示吏治的敗壞，尤重吏胥的迫害。而且吏胥禍害通常勝於官，何以言之？因爲吏胥長駐地方，原本便對地方上的動態、個人的家產……十分了解。所以當他們居官行賄、好貨重利時，自然極盡所能搜民之脂、刮民之財。吏胥不但有如暴虎橫行民間，更值得注意的是他們的族群數目並非少數。《意言·吏胥》中曾述：

>　　今州縣之大者，胥吏至千人，次至七八百人，至少亦一二百人，此千人至一二百人者，男不耕，女不織，其仰食于民也無疑矣。

可見吏胥在州縣有普遍存在的現象。而且因爲他們無事生產，所以他們的衣食消費全賴平民。且由於他們平日愛擺官譜、講官派，通常在他們揮霍無度的情況下，「大率十家之民，不足以供一吏。」《意言·吏胥》由此可知，人民在吏胥的淫威下，是多麼的水深火熱。所以吏胥若有千人以上，則「萬家之邑亦囂然矣。」《意言·吏胥》因此洪亮吉認爲禍國殃民的罪魁禍首，正是那些職低權大的吏胥。他於是道出：「朝廷之正供有常，即官府之營求亦尚有數，而胥吏則所謂無厭者。」「吳越之俗，以爲有可避之官，無可避之吏職。」《意言·吏胥》的慨嘆。

　　總之，洪亮吉在此特別詳盡述說吏治敗壞，自有其用意。無疑是想點明平定局勢、穩定社會的關鍵在於各級官吏的處事作風。其〈廉恥論〉曾大義懍然的說：

>　　廉恥之吏，可以牧民〔註22〕。

洪亮吉〈極言時政啓〉中亦曾言：

>　　舉一廉樸之吏，則貪欺者庶可自愧矣；進一恬退之流，則奔競者庶可稍改矣；拔一特立獨行、敦品勵節之士，則如脂如韋、依附朋必之風或可漸革矣〔註23〕。

可見他認爲爲政之要，首在得人，這正意同於柳宗元所說「凡吏于士者，若知其職乎？蓋民之役，非以役民而已也。」〔註24〕官吏乃是人民的公僕，唯有官吏們養廉守法，才可爲國效忠、爲民服務。然而與民接觸最多，無疑是地方吏胥。因此他在

〔註22〕見洪亮吉，《卷施閣文甲集補遺·廉恥論》（載刊於洪用懃等編撰，《洪北江（亮吉）先生遺集》（一）），頁625。

〔註23〕同註1，冊○九二，頁229。

〔註24〕見柳宗元，《柳宗元集卷二十三·送薛存義之任序》（載刊於《四部刊要》，台北：漢京文化事業有限公司出版，1982年5月20日）。

《卷詩閣詩》卷十八〈送吳文學桂旋里〉中曾說：「二千石吏尙奉法，五斗米賊何難平。」〔註25〕其言外之意，就是認爲要平民亂，首先就要整飭吏治，煞住貪風。洪亮吉見當代官吏流失非一日，故極意摹寫，遂有批評吏治的〈守令〉、〈吏胥〉等篇的創作。一方面既爲斯立發其憤懣，另一方面亦望爲政者聞之，使無失其官守也。無怪乎洪亮吉會在《意言・吏胥》篇末語重心長地道出：

> 然則有牧民之責者，可不先于胥吏加之意乎？

由此可知洪亮吉認爲「牧民之責，應以吏胥爲先」。

第五節　古人厚葬表愛親，今人營塚爲己謀

　　洪亮吉是無神論的思想家，這是不容爭辯的事實。在他的觀念中，氣聚則人生，氣散則人死。人死後絕對無法形成迷信者心目中的鬼神，故其面對人的死亡僅將其視爲一種自然現象。然而面對當代社會迷信之風熾熱，神鬼傳說遍佈國內的狀況，洪亮吉於是一方面宣揚無神論思想來破除迷信；另一方面則去發掘鬼神迷信帶給乾嘉社會的實際影響。經他詳細觀察、仔細評估後，發現當代社會的喪葬儀式正受鬼神迷信影響而有所偏離，於是便在《意言・喪葬》篇中專章探討。

　　生、老、病、死，是人人皆知的生命歷程。然而人死後的情形又將如何？這往往是人們極欲探側卻又無法得知的問題。由於人們無法確切得知人死後的情景，故其對「死亡」的現象通常會有畏懼和疑惑的雙重心理。在這樣的心理作用下，若又受迷信風氣的感染，鬼神觀念自然極易駐留心房。對於這個問題，洪亮吉在《意言・喪葬》篇曾加以探討。他說：

> 喪葬之制，古今人惑雖不相同，然其爲惑則一也。《意言・喪葬》

鬼神的迷信，無疑是強調人死後的靈魂會轉化爲神或爲鬼，且此神鬼具有禍福人間的能力。因此人們接受鬼神的觀念後，爲了懷念故人、求得心安；或爲了避免觸怒鬼神、禍害及身，自然會對鬼神前世的軀體，即人死後的遺體，採取較愼重的態度處理，這乃是古今人皆認同的道理。且因時代風氣的轉變，古今人處理的方式或許不同，然而懷念故人、求福避禍的心理則相同。這便是亮吉所言「古今人惑雖不同，然其爲惑則一也」的精義了。既然洪亮吉在此點明「古今人惑不盡相同」的觀點後，於是接下來便開始探討古今人喪葬處理的相異之處。

〔註25〕見洪亮吉，《卷施閣詩卷十八・送吳文學桂旋里》（載刊於洪用懃等編撰，《洪北江（亮吉）先生遺集》（三）），頁 1739～1740。

> 古人之惑，空地上以實，地下於是一棺之費累及千金，一壙之幽藏及
> 百物。《意言‧喪葬》

古人大抵上認為死後的世界與生前的世界，有很大的類似性。死為生之延續，死之世界一如生的世界，所以生前生活所需，亦為死之生活所需；而生前所有，亦為死後所有〔註26〕。因此出葬前物質的準備，除棺槨之外，還要準備死者陰間生活的用品。而且這些物品，往往會因時代而異，或因死者的身份而異。由於洪亮吉在此未言「古」「今」的界定。因此「古人」則可泛指清代以前的人民，所以在此便從原始時期開始，做一簡單的歷史溯源。

在原始社會時期，送給死者的東西很簡單，山頂洞人的屍房只放幾件石器和身上戴著的裝飾品；半坡村和馬家窯的墓葬中，除了生產工具、裝飾品外，就是幾件裝東西用的土器和少許糧食。到了殷周以後，情況就大不相同，統治階級墓穴的隨葬品是飲宴器皿、布帛、珠寶、武器等，這表示人們迷信統治者死後，在陰間仍是統治者，可以不勞而食，所以不需帶生產工具〔註27〕。另外，在《墨子‧節葬》篇中也曾描述古人高貴者喪葬時的隨葬品。

> 棺槨必重，葬埋必厚，衣衾必多，文繡必繁，……盧庫府，然後金玉
> 珠璣比乎身，綸組節約，車馬藏乎壙，又必多屋幕、鼎鼓、几梴、壺濫、
> 戈劍、羽旌、齒革，寢而埋之，滿意，若送徙〔註28〕。

隨葬品除了上述所說的玉器、石器、青銅器、糧食、生產工具、飲宴器皿、布帛、珠寶、武器等，王宮貴族們為了實現他們死後仍有舒適生活的幻想，從宮室到日常生活能搬的都盡量搬到陰間去，這就造成了隨葬品的大量增加，同時也造成隨葬品的大量浪費。因此後人有鑑於此，基於物質條件的限制，不可能將活人所有實用的東西都給死者，但又考慮鬼魂在陰間生活的需要，於是便用非實用象徵性的東西（俗謂明器）去取代它〔註29〕。由上述可知，不管是實物或是明器，大都是活著的人為死去的人所準備的。這些無疑是為了讓死者在另一個世界中仍有如同活著的生活，能過得衣食無虞、快樂舒適，因此盡其所能為死者準備隨葬品。這種心理，追根究底，無非是愛親的表現。這就是洪亮吉《意言‧喪葬》篇所言：

> 一棺之費累及千金，一壙之幽藏及百物。以為不如，是不足以明人子

〔註26〕見康韻梅，《中國古代死亡觀之探究‧死而不亡的信仰》（國立台灣大學出版委員會出版，1994年6月初版），頁130。

〔註27〕見朱天順，《中國古代宗教初探》（中和古風出版社出版，1986年10月），頁188。

〔註28〕見《墨子卷六‧節葬下第二十五》，此據孫詒讓《墨子閒詁》本（中華書局出版，《諸子集成》本）。

〔註29〕同註27，頁194。

之心也。是其惑尚近于愛親。

經由上述種種事實可看出古人的喪葬主要仍然是以愛親爲出發點，盡其所能，籌備一切。既知古人的處理方式，接下來洪亮吉就言及時人的情形。他說：

> 今人之惑，營一塚之地，或遲及十年。謀一穴之吉，必訪及百輩。《意言‧喪葬》

洪亮吉點明了時人的喪葬風氣：特別注重有關「墓地選擇」的問題。對於墓地的選擇，起因大約有兩個因素：一個是死者的遺願，另一個是受原始宗教和巫覡的左右。選擇葬地的習俗何時出現，史無明文記載，但從散見在古文獻中的一些佚聞趣事來看，在先秦兩漢時期就已經有了〔註30〕。如《史記‧樗里子列傳》載：

> 昭王七年，樗里子卒，葬于渭南章台之東。曰：「後百歲，是當有天子之宮夾我墓。」樗里子疾室在於昭王廟西渭南陰鄉樗里，故俗謂之樗里子。至漢興，長樂宮在其東，未央宮在其西，武庫正直其墓〔註31〕。

又如《後漢書‧袁安列傳》載：

> 初，安父沒，母使安訪求葬地，道逢三書生，問安何之，安爲言其故，生乃指一處，云「葬此地，當世爲上公。」須臾不見，安異之。於是遂葬其所占之地，故累世隆盛焉〔註32〕。

這些記載中顯然都包蘊著「風水」觀念的意味。而選擇葬地的習俗到魏晉南北朝時期更盛，「望氣」、「風水」、「龍骨」之學和種種巫術可謂風靡一時〔註33〕。有關墓地風水的訛說，或許是牽強附會、惑世騙人，但由於它迎合了人們趨吉避凶的心裡，因此卜葬選墓的習俗得以一直流傳。流傳到清代，卻成了人們喪葬儀式中最重視的問題。洪亮吉目睹當時人們選擇墓地總要請精通堪輿（風水）之人爲祖先選擇建造陵墓的地點，即所謂「萬年吉地」。且風水師根據不同的土質與形勢，地可有福地、吉地、凶地、絕地之分。選擇墓地無疑是因爲人死後，若選擇乾坤聚秀、陰陽和會、龍穴砂水、山川壯美的福區吉地安葬，就能遺福子孫；反之，則降災於後代〔註34〕。清人對此深信不疑，遂有爲了求得依山傍水的「風水寶地」，而「營一塚之地，或遲之十年」；「謀一穴之吉，必訪及百輩」《意言‧喪葬》之情形發生。不僅如此，洪亮

〔註30〕見宋德胤，《喪葬儀觀‧祖靈崇拜和墓地選擇》（中國青年出版社出版，1991年1月北京第一次印刷），頁121。

〔註31〕見《史記卷七十一‧樗里子甘茂列傳第十一》（台北：鼎文書局出版），頁2310。

〔註32〕見《後漢書卷四十五‧袁張韓周列傳第三十五》（台北：鼎文書局出版），頁1522。

〔註33〕同註30，頁122。

〔註34〕參見李路陽、畏冬，《中國清代習俗史‧清代婚喪嫁娶習俗》（人民出版社出版，1994年4月北京第一次印刷，）頁151。

吉甚至還舉出「于是有至曾元之時，尚未及葬其高曾者。」《意言・喪葬》的嚴重情形發生。而且普遍觀之「大率貧賤者尚易，而富貴者則益難；富貴而骨肉支派少者尚易，富貴而骨肉支派多者則愈難。」《意言・喪葬》這種情形無疑是說明「墓地的選擇」常因家族成員的多寡或家庭經濟能力的不同而改變，家族成員多往往會意見紛歧、倍難決定。如亮吉《意言・喪葬》篇所言：

> 至有兄延一客，弟聘一師；兄購于南，弟營于北。始則各不相謀，繼則各以為是；喪庭出而復返，卜日成而屢移。

如此一來，家庭成員往往只為「墓地地點」爭執不休，不但造成家庭失和，反觀喪葬儀式，愛親敬祖的目的皆已消失殆盡。這種偏失的狀況，遂讓洪亮吉有以下的感嘆：

> 祈福之念，十倍于愛親之心。為子孫之謀，百倍于為祖父之計也。《意言・喪葬》

由此可見時人對喪葬的重視已非似古人以愛親孝親為依歸，而是完全為己、為後代子孫謀福利。這也就是洪亮吉觀察古今人喪葬儀式歸結出最大的差異點──「古人厚葬尚近于愛親，而今人營塚則實欲為己謀、為子孫謀耳。」《意言・喪葬》心術不同罷了。

洪亮吉目睹社會風尚，發現喪葬儀式，古今人訴求的重點不同後（古人愛親，時人為己），他還發現喪葬儀式中有一些異常的現象。他在《意言・喪葬》篇中揭露：

> 古人喪葬之所飾，不過芻靈楮弊而已。今則更增僧尼道士、簫鼓鐃吹。

喪葬禮中，葬禮最為重要。而葬禮的儀式主要包括：出葬時的告別祭典和禱告、送葬、處理屍體和隨葬品，造墳墓等〔註35〕。且隨著社會的進步，生產力的提高，葬禮漸趨隆重。葬禮之所以要隆重，從鬼魂迷信上來說，因為它是最後的告別儀式，同時也是最後安排死者陰間的生活（如生活必需品等）。因此，出葬時的祭典，等於送別儀式，而送別儀式古今人又略有不同。古人通常是用芻草、靈柩、楮錢（冥錢）、弊衣……等來治喪，並禱告囑咐死者赴冥間的路上和冥間時應注意的事項，祝福死者能過著幸福生活，這一切都在哀戚肅穆下完成；反觀今者，喪葬儀式不但承襲古代，而且還添增了僧尼道士、簫鼓鐃吹。原本通過自家人禱告即可完成的喪葬儀式，卻演變成僧侶道士的專業；原本是莊嚴肅穆的喪葬祭典，卻演變成簫鼓嘈雜的儀式。對此，洪亮吉慨然揭露當代風尚。他說：

> 今（喪葬）則更增僧尼道士、簫鼓鐃吹。于是而死喪之家，則一室皆

〔註35〕同註27，頁191。

　　滿絲麻袒免之親，不及僧尼道士之眾也。袒跣哭泣之哀，不及簫鼓鐃吹之

　喧也，甚至有為附身赴棺之具。《意言·喪葬》

時人喪葬儀式多了僧尼道士的成員和簫鼓鐃吹的樂音後，遂有一種奇怪的現象發
生。那就是真正治喪的實際人數反比雇用的僧尼道士的人數少，而且喪禮中本有的
哀泣聲（祭者面對死者的遠離，感傷萬分而痛哭成聲）卻比不上簫、鼓等樂器的吹
奏聲。這似乎已失去原本喪禮哀戚送親的初衷。不僅如此，「甚至有為附身附棺之具。」
這種現象，在清代普遍存在，就連經濟能力不豐厚者，也是以此為圭臬。也就是亮
吉所言「力不及者尚可從減，而必藉此以飾觀者矣。」《意言·喪葬》

　　然而要知喪葬的哭喪是人們因親人死亡心感悲傷的自然表露，而喪儀上的含意
是以哭聲的方式通知近鄰及村內親人，並向將離去的鬼魂表示惜別。如今哭喪已因
僧尼道士、簫鼓鐃吹的介入而變質。洪亮吉目睹時局，遂發「夫鐃吹，軍中之樂也；
鐘鼓管籥，吉賓嘉之禮也，而行于喪家可乎？」《意言·喪葬》的感嘆，以警世人。

　　洪亮吉當代喪葬儀式除了有人員（僧尼道士）和氣氛（簫鼓鐃吹）的改變外，
更嚴重的是：

　　　僧尼道士所誦之經，又必為解冤釋罪之語。是真視吾親為愆尤叢集之

　身，不如此，則罪莫可釋，冤莫可解也。《意言·喪葬》

清代喪葬儀式雇用僧尼道士誦的經，往往是千篇一律，完全不考慮死者生前的德行，
只一味地替死者解冤釋罪。這麼一來，好像表示去逝的親人一律是惡貫滿淫、十惡
不赦之人，非以這種方式才得以解脫似的。這不禁讓人懷疑「何其以君子之道待僧
尼道士，而以至不肖者待吾祖若考乎？」《意言·喪葬》且這種偏差的惡習，不但是
愚民從之，甚至飽含知識的士大夫亦隨後跟進〔註36〕。上述種種，皆已代表喪葬儀
式已嚴重變質，洪亮吉追究原因，發現一切的造因無疑跟「僧尼道士、簫鼓鐃吹」
的設立有關，所以洪亮吉在《意言·喪葬》篇篇末語重心長的道出：

　　　孔子曰：「始作俑者，其無後乎？」吾不知始創延僧尼道士、簫鼓鐃

　吹者，又將何如也？

在此洪亮吉認為始作俑者甚且無後，那麼「僧尼道士、簫鼓鐃吹」的創始者，就其
危害世人的嚴重程度而言，其下場無疑是更加慘重。總之，洪亮吉一方面目睹時局、
了解民風；另一方面又探測源由，剖析利害。對於時人喪葬要選風水寶地，擇吉日

〔註36〕見洪亮吉，《意言·喪葬》篇：
　　　「何其以君子之道待僧尼道士，而以至不肖者待吾祖若考乎？其始愚民為之，其後
　　　士大夫踵而行之。」（載刊於洪用懃等編撰，《洪北江（亮吉）先生遺集》（一）），頁
　　　169。

良辰，此等爲己及子孫打算的自私之舉，深覺可鄙。而且面對喪葬儀式失去本眞（原意）及奢侈浪費的風氣，更加不與苟同，於是便執筆寫下《意言‧喪葬》篇，對這種社會風氣大加針貶。然而在此他並未提供什麼改進之法，但是仍可從中知悉他關心民瘼的態度和觀察敏銳的社會觀了。

第六節　嗜欲益開則形質益脆

　　國家之治亂，繫於社會之隆污。而社會之隆污，取決於社會風氣之良窳。由此可知社會風氣對國家朝政、人民生活皆有其不容忽視的重要地位。因此洪亮吉的社會觀便是以當代社會風氣爲論題焦點，剖析社會風氣的趨勢和缺失，期盼喚醒群眾，撥亂反正。然而乾嘉時代風尚，除了有官吏敗壞、喪葬變質、人口激增……等的狀況外，在此洪亮吉繼續評析社會風尚。《意言‧形質》篇中言：

　　　　今之人嗜欲益開，形質益脆；知巧益出，性情益漓。

洪亮吉《意言‧形質》篇開門見山便言乾嘉社會有二種時代風尚：一是嗜欲益開則形質益脆；另一是知巧益出則性情益漓。何以言之？將於下面分別探討：

　　首先就「嗜欲益開，形質益脆」而言：俗語說「貪生於富，弱生於強，危生於安。」蓋天下之事，其害往往生於所利中。因此物質文明之進步，與人類之幸福，社會之安寧，往往會有正負不同的影響。一方面（人類幸福）成正比例，另一方面（社會安寧）則成反比例 [註37]。而「嗜欲益開」無疑是物質文明進步所帶來的結果，然它是屬於正面的成果或負面的弊端？洪亮吉的觀點如何？且待亮吉的述說來定奪。洪亮吉〈服食論〉中曾言：「飲食衣服，風俗之本也。」 [註38] 因此觀察當代人民的飲食和衣飾，即可了解當代風俗。故《意言‧形質》篇中遂以「衣服飲食」爲重心，採取古今對比，列舉人們不可或缺的食、飲、衣三方面之實例來凸顯時人（清代）「嗜欲益開」的情形。

　　《意言‧形質》篇中言：

　　　　古之時，膳用六牲，珍用八物，至矣。今則析燕之窠以爲餐：刲魚之翅以作食；蚨黃之醬，來自南中；熊白之羹，調於北地；非六牲八物之所可比也。

[註37] 見陳柱，〈洪北江之哲學〉（載刊於《東方雜誌》二十四卷第九期，1927 年 5 月），頁 48。

[註38] 見洪亮吉，《卷施閣文甲集補遺‧服食論》（載刊於洪用懃等編撰，《洪北江（亮吉）先生遺集》（一）），頁 628。

這裏洪亮吉舉出古人通常以六牲、八物〔註39〕爲主食而已，而時人則多增燕窠（窩）、魚翅、蟹醬、熊羹，不但是稀奇古怪，而且是昂貴難尋。由此便可知古人通常只是爲生存而食，時人則是竭盡所能地爲享受而食。古今差異之大，則可知時人「嗜欲益開」的情況了。

《意言‧形質》篇中述：

> 古之時，冬則飲湯，夏則飲水，足矣。今茶莾則新安、武林，高下百圍，備涼燠之用；菸草則香山埔城、閩粵二種，鬥水火之奇；非飲湯飲水之可比也。

「水份」是維持人類生命的基本物質，人人每天都需靠「飲」來補充水分，古今人皆無例外。然而古人的「飲」，不過是喝水、飲湯之類；時人的「飲」，則又增茶和菸草之類，不但講究品質，更講究烹煮之法，諸如「備涼燠之用，鬥水火之奇」等，故古之「飲水飲湯」，怎麼可能與之相提並論呢？由以上的敘述，再次證明清代人「嗜欲益開」了。

《意言‧形質》篇中又言：

> 古之時，中人之家，冬則羊裘，夏則麻葛，足矣。今則吉貝之暖，十倍于麻也；紗縠之輕，十倍于葛也；至于裘則異種百出，種文羊于田，搜海馬于水，不特古人所不及見，亦古人所不及聞也。

在此洪亮吉指出古代人穿衣不過是配合時節、蔽寒遮體；而時人不但講究實用，更講究質料、外觀……等一些繁瑣的細節。這不但表示時人嗜欲驕奢的程度，同時也是古人所不能想像、望塵莫及的。

經由上述便可明顯地看出當代「嗜欲益開」、驕奢縱侈的情形。且由於洪亮吉出身寒苦之家，自幼習慣於清貧生活，兼之又受儒家黜奢思想之薰陶，目擊此種現象，不禁感慨萬千……另外，對於當代衣食浮靡浪費的情形，洪亮吉在〈服食論〉中也曾論及。他說：

〔註39〕（一）六牲：即六畜。馬、牛、羊、雞、犬、豕等六種家畜的總稱。〈周官‧天官‧庖人〉：「掌共六畜、六獸、六禽、辨其名物。」注：「六畜，六牲也。始養之曰畜，將用之曰牲。」

八珍：

1. 古帝王及豪門貴族的八種珍貴菜肴，計有淳熬、淳母、炮豚、炮牂、擣珍、漬、熬、肝膋等。

2. 也指以龍肝、鳳髓、豹胎、鯉尾、鴞炙、猩脣、熊掌、酥酪蟬等八種珍貴動物爲材料的菜肴。見《群書拾唾》。

3. 泛指珍貴食品。《三國志‧魏志‧衛覬傳》：「天子之器必有金玉之飾，飲食之肴必有八珍之味。」

夫人而有衣食也，袖之兩而緣之重也，人所習而不知者也。有斤斤焉
議其尺寸之短，而十萬人遂增十倍之帛也。嗑之酸而釀之甘也，有斤斤焉
議其烹飪之失，而十萬人日增十億之錢矣。吳越之紓，山東之繭，前人承
祭見賓之盛服也，有鰓鰓焉議其樸陋之故，而輿隸臧獲恥服以見客矣。五
簋之儀，隻牲之饗，前之人歲時伏臘之盛祝也，有申申議其淡泊之節，而
市井小人恥設以待客矣。什物騰於上，筋肉惰於下，日用之不足，奈何自
棄本而逐末也〔註40〕。

由此可見洪亮吉當代時人衣食日奢。不但如此，一般人往往視樸實節儉為可恥，覺
其不足以登大雅之堂。可見民風導向愛面子、排場面……等奢侈浮靡的流風。在這
樣的社會中，吃穿自然十分講究。他說：

夫厚革重錦，士大夫之盛服也，而今則輿隸臧獲之常服矣。……三牲
海錯，士大夫之特餐也，而今則閭巷市井婚喪賓祭之常食矣〔註41〕。

由於人人講究衣食，民間則易見衣食短缺、奢侈浪費之景象。〈服食論〉不厭其煩地
分析道：

麋鹿之穴，既朝生而夜剝之，不足給裘之用也。聚六畜之用，不足供
一婚喪賓祭，而羊豬之牢，雖朝產而夕轗之，不足以給食之用也。一人兼
百人之衣，一人兼百人之食，是以衣革被席而隕於道者，我殺之也。三日
不食而顛於室者，我斃之也。一人服數世之衣，一日費數歲之食，是以我
子孫之困敗狼藉而衣不得完、食不得充者，我奪之也。於是有侈於前而貧
於後者矣，有縱於一世而嗇於十世、五世者矣〔註42〕。

統而觀之，亮吉面對時局，發現時人有「嗜欲益開」的傾向，而眾人「嗜欲益開」
的結果，它的影響為何？將可分對社會和對個人兩方面探討。然而「嗜欲益開」對
社會的影響，我們可由前段〈服食論〉的描述得知，「嗜欲益開」造成奢侈浪費，人
心浮靡的社會景象。這是就社會層面的影響而言。然若試圖了解「嗜欲益開」對個
人的實際影響，洪亮吉《意言‧形質》篇中言「嗜欲益開，形質益脆」。

何以言形質日脆也？古者，疾醫所掌，春時有痟首疾，夏時有痒疥疾，
秋時有瘧寒疾，冬時有嗽上氣疾，四時皆有癘疾之類，止矣。今則小兒增
痧痘之科，中年添肝肺之疾，衰老加沈痼之病。此即吳普、仲景不能定其
方；岐伯、榆柎不能知其症者也。《意言‧形質》

〔註40〕同註38，頁628～629。
〔註41〕同註38，頁629～630。
〔註42〕同註38，頁629～630。

由前已知，洪亮吉認為人之習於奢侈，實由於人之嗜欲益開所致。而嗜欲益開對人的直接影響究竟如何？在此他採古今對比的方式，凸顯時人的改變。他說古人在物質不似時人豐厚多變的情況下，疾病纏身的狀況，不過是春季的痏首疾、夏季的痒疥疾、秋季的瘧寒疾、冬季的嗽上氣疾等一年四季皆有癘疾之類的病痛而已；而時人在物質豐裕的環境下，不但四時會出現癘疾之類的疾病，人一生中小兒、中年、衰老三階段，分別又增添痧痘之科、肝肺之疾、沈痼之痾（久病未癒）等的病痛。而且這些疾病，又非一般神醫或藥物所能觀測根治的。因此洪亮吉認為人類社會物質經濟的發展與進步，將會有損於人們的形質，即健康狀況。故其百感憂心、發文慨嘆：「然則其形質益脆者，非嗜欲益開之故乎？」《意言‧形質》關於此點，若以今日的眼光視之，我們或許會認為古代人病痛少，是否是根源於當代科學或醫學的不進步。洪亮吉所言的一些病痛仍然存在，只是古人相關知識不足、未加察覺而已。因此洪亮吉在此所論的觀點，仍有其侷限、不周延之處。

　　時代文明的進步，除了讓人們有較豐厚多變的物質生活外，其精神思想上也會相對提昇，因此人們往往會從昔日累積的經驗獲得智慧，而漸使智慧生根，即所謂「知巧益出」。然而這樣的導向，是否是時代進步的正面效應，洪亮吉於是又深入探討。

> 　　何以言知巧益出也？今之時，天文地理之學，以迄百工技藝之巧，皆
> 遠勝昔時。吳越之綾錦，出手而已若化工；西洋之鐘錶，自鳴而不差絫黍；
> 手談則枯棋三百，捷過于秋、儲；心計則白撰千萬，算微于桑僅；運斤者
> 咸有偅之一指；角技者，罔非遲之八投；是也。《意言‧形質》

可見清代當時，從天文地理到百工技藝，無論是學術的研究或是技藝的研發，皆遠超昔日的成就。所以舉凡衣飾、鐘錶……等的用品或手談、心計、運斤、角技……等的技藝，皆可取代昔日的用品和技藝。這種現象是時代的進步、人們共同努力的成果，時局若能一直朝此正面發展，定可國強民富、社會安和樂利。然而，清人風尚卻非如此，人們有「性情益漓」的情況發生，遂使洪亮吉從中看出隱藏的憂患。他說：

> 　　何以言性情益漓也？古之時，飲羊飾脯以為偽矣。今則粉石屑為鹹；
> 削木秭作米；鴨由絮假，調五味而出售；靴以紙充，雜六街而出市；有人
> 意計所必不及者矣。
>
> 《意言‧形質》

這裏洪亮吉舉出時人因為智慧提昇，所以技藝日巧。然而此處的「巧」並非朝好的方面發展，而是步入歧途，「巧」即有巧詐不實之意。因而有「石屑鹹」、「木秭米」、「絮假鴨」、「紙充靴」……等的情形發生，這些都是商人運用小聰明，降低成本、

矇騙大眾、獲取多利的手段。如此一來，雖然智者益出，技藝日巧，然而人心反而日趨苛薄，道德反而日趨墮落。無怪乎洪亮吉在《意言‧形質》篇篇末中有「其性情益漓，非知巧益出所致乎？」的感慨了。

統而觀之，亮吉所言「嗜欲益開，形質益脆；知巧益出，性情益漓」，雖非人人如此，然而卻是社會風尚的導向，洪亮吉在此坦然揭露，盼有警醒時人之效。另外，洪亮吉這樣的觀點，可謂是先知先覺。因爲時至今日，其觀點仍是切中時弊的。關於此點，陳柱先生在其〈洪北江哲學〉一文中曾述：「夫形質益脆，此非個人之幸福有損乎？性情益漓，此非與社會之安寧有害乎？今則物質文明，更千萬倍於乾嘉時代矣。貨物愈精，生活愈難，不久乃將釀成世界階級之大戰，北江倘生於今日，更不知作何感想矣。」〔註43〕又如王家儉先生在其〈洪北江的憂患意識〉一文中所述：「北江之所言『嗜欲益開，形質益脆；知巧益出，性情益漓。』證之目前，更不啻十百倍於乾嘉之世，設使北江生於今日，其感慨又將何如！」〔註44〕經由以上學者的論述，更可見洪亮吉觀察敏銳的社會觀了。

人是社會的人，社會是人的社會。每一個人都在一定的社會中生活，社會爲人們提供生存和發展的各種條件，故人與社會關係密切。人既是社會的主體，故人們的表現會形成社會獨特的風貌。相對地，欲了解某一時代人們的趨向，觀察社會風尚即可得知。洪亮吉深知此理，故他便藉由觀察社會風氣，而了解人民生活的情形，進而得知時局朝政的狀況。在洪亮吉仔細觀察、用心體會後，發現社會存在許多問題，實在令人擔憂，遂引發洪亮吉觀察敏銳的社會觀。

首先洪亮吉將關心的焦點置於朝政官吏上。由於上位者（諸如乾隆或和珅等高官權貴）的奢侈貪瀆，在他們的影響下，所謂「上樑不正下樑歪」，朝廷吏治敗壞，貪污公行。故當代的官吏和昔日官吏實有很大的差別：有所謂的「昔之守令居心在民，今之守令居心爲己」；「昔之吏胥益民，今之吏胥擾民」；「守令吏胥貪得無厭、霸權世代相傳」……等的現象，無不顯露朝政的腐敗，且由於官吏們貪污納賄、中飽私囊，因此長期在他們淫威下生活的人們，其生活的悲苦可想而知。朝官吏治既是如此，那麼社會普遍現象又是如何？洪亮吉於是又將關注的焦點延伸到社會風氣中。經他觀察體會後，洪亮吉發現時人的喪葬儀式的爲己謀，或是僧尼道士及蕭鼓鐃吹等的加入，皆已失去原本哀戚送親的本意；時人的食衣住行不但注重實用，更是講究外觀、質料、品牌……等一些繁瑣的細節，實有「嗜欲益開」的趨向，而「嗜

〔註43〕同註37，頁48。
〔註44〕見王家儉，〈洪北江的憂患意識〉，載刊於中央研究院近代史研究所編，《近世中國經世思想研討論文集》（台北：學生書局出版，1984年4月出版），頁243。

欲益開」則會導致許多病痛而使人們「形質益脆」；另外，因時代的進步，人們的智慧提昇。然而人們智慧的提昇卻不是朝正面發展，相對地社會卻出現「巧智多詐」、「謀取暴利」的投機份子，也就是「知巧益出」後人們「性情益漓」；且就在人民安逸奢侈的風氣下，人口數不斷增加（將在下一章專章探討）……等等的社會現象，都已暴露出社會的弊端，洪亮吉因而醞釀出他的社會觀。

　　總之，奢侈淫靡的風氣是社會衰敗和動盪的標誌。清朝在經歷了一段政治穩定和經濟繁榮的全盛時期之後，到乾隆後期，習俗日侈，風氣日壞，貧富對立、日益尖銳。再加上統治者非但沒有改善社會驕奢的惡習，反而更是驕奢縱欲的帶領者，無怪乎社會問題日益嚴重、社會矛盾更加尖銳。這麼一來，國家朝政和人民生活，實在令人擔憂。洪亮吉身為時代的一份子，面對社會狀況，思緒翻騰，遂感慨萬千地創作《意言》諸篇，盼能警醒世人。只可惜他的社會觀通常是現象說明而已，相對地並未提出有效的根治方法，這或許是洪亮吉受限於臣子的身份，然而這確實是洪亮吉社會觀所欠缺的，也是人們研究洪亮吉社會觀所應了解的。

第六章 《意言》中憂患意識的人口論

　　社會之隆污，往往取決於社會風氣的良窳。而社會風氣的成因，除了前章所論吏治、喪葬、形質等方面外，還有一不容忽視的「人口」問題。人口是指某一區域或社會範圍內集體人群而言。人群互相結合組合成大小不一的各種社會與國家，人口就是一切家庭、社會及邦國的基礎，舉凡一家、一國，或任何一個社會的興衰、強弱、貧富與治亂，無不導源於其人口的優劣與多寡，是故人口問題實為重要，不容忽視。這也就是現代人對人口的基本共識。然而在中國，人們對人口問題的覺醒，決不是一蹴可幾的，而是經過歷代的人口變化及實際得失，從中學習經驗而來。

　　中國古代關於人口的思想：早在春秋末年，墨子認為人口的增加對生產有利，遂主張早婚早育，增加人口〔註1〕；《管子》論述了調查人口的重要性〔註2〕；商鞅則是提出人口登記調查的第一位思想家〔註3〕；韓非提出了人口增長的規律，還提

〔註 1〕《墨子·節用上第二十》：「若則不難，故孰為難倍？唯人為難倍。然人有可倍也，昔者聖王為法，曰：『丈夫年二十，毋敢不處家；女子年十五，毋敢不事人！』此聖王之法也。……今天下為政者，其所以寡人之道多，其使民勞，其籍斂厚，民財不足，凍死餓者，不可勝數也，且大人惟毋興師以攻伐鄰國，久者終年，速者數月，男女久不相見，此所以寡人之道也。與居處不安，飲食不時，作疾病死者，有與侵就爰橐，攻城野戰死者，不可勝數，此不令為政者，所以寡人之道數術而起與？聖人為政，特無此，不聖人為政，其所以眾人之道，亦數術而起與？」此據孫詒讓《墨子閒詁》本（北京：中華書局出版，《諸子集成》本，1954 年 12 月第一版（下引，《諸子集成》版本并同））。

〔註 2〕《管子·霸言第二十三》：「地大而不為，命曰土滿；人眾而不理，命曰人滿；兵威而不止，命曰武滿。三滿而不止，國非其國也。」此據戴望，《管子校正》、《諸子集成》本。

〔註 3〕（一）《商君書·去彊第四》：「彊國知十三數：竟內倉口之數、狀男狀女之數、老弱之數、官士之數、以言說取食者之數、利民之數、馬牛芻槁之數。欲彊國，不

—87—

出「人多而財貨寡」的思想〔註4〕；漢代以後，徐幹著《中論》二十篇，專論「民數」一篇，提出掌握人口數目是國家的一項根本要務，一切政治、經濟措施皆以人口爲基礎〔註5〕；宋代蘇軾和宋元之際的馬端臨也都提出人口過多無益於富的觀點〔註6〕。明末徐光啓提出「生人之率，大抵三十年而增加一倍」〔註7〕，是中外歷史上第一次提出人口增殖率的概念……以上對於人口問題雖也有過「食之者眾，生之者寡」的雛形觀念，但是成熟的理論一直要到清初，才由我們這位社會學家、人口學家洪亮吉綻花結果。

　　洪亮吉本著「修身、齊家、治國、平天下」的傳統，術德兼修後，仍不忘實際的國家社會，加上他敏銳的觀察力和知識份子的責任感及高度的憂患意識，發現一個現象——乾嘉初年，朝廷賑籍上登記的人數突破了一億大關，乾隆中葉則超過兩億，至乾嘉之交竟到達三億以上。（據《清實錄經濟史資料》，參本文第八頁）目睹人口的暴漲，洪亮吉內心焦慮，遂引發他憂患意識的人口論。然而關於洪亮吉的人口論思想，當代學者們諸如張蔭麟的〈洪亮吉及其人口論〉〔註8〕；謝

　　　　知國十三數，地雖利，民雖眾，國愈弱至削。」
　　　　（二）《商君書・境內第十九》：「四境之內，丈夫女子皆有名子上，生者著，死者削。」此據《諸子集成》本。

〔註4〕《韓非子卷十九・五蠹第四十九》：「（古者）不事力而養足，人民少而財有餘。故民不爭。……今人有五子不爲多，子又有五子，大父（祖父）未死而有二十五孫，是以人民眾而貨財寡，事力勞而供養薄，故民爭。雖倍賞累罰而不免於亂。」提出人口增長快於財貨增長的主張。此據陳奇猷，《韓非子集釋》卷十九（上海：人民出版社出版，1974年版），頁1040～1041。

〔註5〕徐幹，《中論・民數二十》：「故民數者，庶事之所自出也，莫不敢正焉，以分田里，以令貢賦，以造罷用，以制祿食。以起田役，以作軍旅。國以之建典，家以之立度，五禮用修，九刑用措者，其惟審民數乎！」此據（世界書局出版，1975年11月三版）。

〔註6〕（一）蘇軾，〈策問・國學秋試〉：「古者以民之多寡爲國之貧富。……然以今之法觀之，特便于搖役而已，國之貧富何與焉。非徒無益于富，又且以多爲患。生之者寡，食之者眾，是以公私枵然而百弊并生。」載於《蘇東坡全集》卷二二，此據台北中華書局，《四部備要》本。
　　　　（二）馬端臨，《文獻通考・自序》：「古者戶口少而皆才智之人，后世生齒繁而多窳惰之輩。……（古）是以千里之邦、萬家之居，皆足以世守其國，而扞城其民。民眾則其國強，民寡則其國弱，蓋當時國之與立者民也。（今）光岳既分，風氣日漓，民生其間，才益乏而智益劣。……于是民之多寡不足爲國家之盛衰。」此據（台北：新興書局出版，1963年10月新一版）。

〔註7〕徐光啓在人口問題上的最大貢獻，是第一個明確提出了人口每三十年增加一倍的觀點。他說：「夫謂古民多，后世之民少，必不然也。生人之率，大抵三十年而加一倍，自非有大兵革，則不得減。」見《農政全書校注卷四・井田考》（上海古籍出版社出版，1979年版），頁90。

〔註8〕見張蔭麟，〈洪亮吉及其人口論〉（載刊於《東方雜誌》二十三卷二號，1926年1月），

忠梁的〈洪亮吉的人口理論及其產生的時代條件述略〉〔註9〕；李世平的〈洪亮吉是「中國的馬爾薩斯」嗎？〉〔註10〕；林逸的《洪亮吉（北江）及其人口論》〔註11〕；周源和的〈洪亮吉的人口思想〉〔註12〕；胡一雅的〈洪亮吉人口學說述評〉〔註13〕；余德仁的〈我國早期的人口論學者──洪亮吉〉〔註14〕；楊中新的〈洪亮吉論物質資料生產和人口自然增值的關係〉〔註15〕；宋敘五的〈洪亮吉的人口思想〉〔註16〕；周衍發的〈清代著名人口論學者洪亮吉〉〔註17〕等等皆有研究，這些都代表洪亮吉的人口論思想漸受人們的重視，同時也代表洪亮吉的人口論思想是有一定的研究價值。故本文承繼眾多學者們的研究，採綜合歸納之法予以貫串洪亮吉的人口論。

第一節　人口以三十年爲單位增倍

　　洪亮吉的人口思想，首見於《意言、治平》篇。〈治平〉篇開宗明義便言：

　　　人未有不樂爲治平之民者也。人未有不樂爲治平既久之民者也。

文章以「治平」名篇，開頭即從「治平」說起。也就是先放縱一筆，指出人們的一種共同的心理──樂意生於治平之世，再進一層，樂意長久生活在治平之世。然何謂治平之世？這是人們共同企望的境地，因爲治平無疑是指國家外無戰爭，內無內亂，政治步入常軌，經濟穩定成長，社會富庶安康，在這樣的環境保護下，「全國人

頁 69～73。

〔註 9〕見謝忠梁，〈洪亮吉的人口理論及其產生的時代條件述略〉（載刊於《貴陽師院學報》，1979 年 3 月），頁 44～48。

〔註10〕見李世平，〈洪亮吉是「中國的馬爾薩斯」嗎？〉（載刊於《社會科學研究》第一期，1979），頁 73～80。

〔註11〕見林逸，《洪亮吉（北江）及其人口論》（台北：台灣商務印書館出版，1979 年 9 月初版）。

〔註12〕見周源和，〈洪亮吉的人口思想〉（載刊於《復旦學報》，1980 年 1 月），頁 83～85。

〔註13〕見胡一雅，〈洪亮吉人口學說述評〉（載刊於《東北師範大學學報》第三期，1980 年 7 月），頁 99～105。

〔註14〕見余德仁，〈我國早期的人口論學者──洪亮吉〉（載刊於《史學月刊》第一期，1981），頁 49～52。

〔註15〕見楊中新，〈洪亮吉論物質資料生產和人口自然增值的關係〉（載刊於《貴陽師院學報》，1982 年 2 月），頁 15～107。

〔註16〕見宋敘五，〈洪亮吉的人口思想〉，載刊於《國史釋論──陶希聖先生九秩榮慶祝壽論文集》（上）（台北：食貨出版社出版，1987 年 11 月），頁 269～281。

〔註17〕見周衍發，〈清代著名人口論學者洪亮吉〉（載刊於《人民日報》第五版，1988 年 5 月 30 日）。

民各得其所」﹝註18﹞，精神上安全無虞，物質上富足無缺，人人有國有家。所以，人們當然熱愛治平之世。反之，治平相對的名詞便是「亂世」，亂世無非是指所處國家經年累月地對外征戰、或是舉國上下遍佈內亂，人們生活在軍砲刀槍、刀光見血的環境，國家四分五裂、人民三餐不繼，生命唯恐在且夕，所謂「覆巢之下無完卵」，深信在此時人們必可體會出此句話的意義。因此試想這樣的「亂世」與先前的「治平」之境，無疑是有天壤之別，所以只要稍有智慧的人們當然會嚮往治平之世，而對亂世唯恐避之不及。

洪亮吉《意言‧治平》篇一開頭便點明人們嚮往、熱愛治平之世的事實。人民熱愛治平之世，想當然治平愈久，人們就愈高興，故其「人未有不樂為治平既久之民者也」。然而，洪氏為何要點出治平之世，是否與其所居時代環境有關，《意言‧治平》篇接著說：

> 治平至百餘年，可謂久矣。

我們在前已知，洪亮吉《意言》二十篇的創作，是他任職貴州學政，乾隆五十八年（1793）完成的。而他在此處言當代「治平至百餘年」，因此我們可將時間往上推移，便得知他認為的治平之世，至少可追溯到康熙年間。另外，他在《卷施閣文集‧萬壽無疆頌並序》文中也曾謂：

> 臣竊見皇上自御宇以來，四十有五年，國家承平一百三十七年之久﹝註19﹞。

由上可知，「乾隆四十五年（1780），上推一百三十七年，為順治元年（1644），可見此處承平是從順治時期開始算起。然這個結論，跟《意言》創作年代相比，更可知承平治世至《意言》萌芽，時間應該超過一百五十年矣。」﹝註20﹞這符合《意言‧治平》中說「治平至百餘年，可謂久矣」，其理明矣。

我們既知順治元年（1644）到乾隆五十八年（1793）為治平之世，可知這個時期國家政治安定、人民衣食無虞。然而在這治平之世，經歷了順治、康熙、雍正、乾隆四朝，可見此四朝必定有不可忽略的政績，或成功的政令，才能持續這治平之世。洪亮吉《卷施閣文甲集‧征邪教疏》就曾言：「若我朝聖聖相承、振綱飭紀。」﹝註21﹞可見這便是指順治、康熙、雍正、乾隆四朝的傳承是「聖聖相承」，同時也

﹝註18﹞同註16，頁270。

﹝註19﹞見洪亮吉，《卷施閣文乙集卷五‧萬壽無疆頌並序》，載刊於洪用勲等編撰，《洪北江（亮吉）先生遺集》（二）（台北：華文書局出版，1969年（下引洪用勲等編撰，《洪北江（亮吉）先生遺集》版本并同）），頁823。

﹝註20﹞同註16，頁270。

﹝註21﹞見洪亮吉，《卷施閣文甲集卷十‧征邪教疏》（載刊於洪用勲等編撰，《洪北江（亮吉）先生遺集》（一）），頁568。

述說了此四朝確實有其盛世。然而在盛世中，人民生活安康、富足快樂，生命有保障……在這優渥的條件下，人口自然迅速成長。洪亮吉身為時代的一份子，親眼目睹人口成長的迅速，憑藉著關懷社會的心，遂在《意言·治平》篇中侃侃而談：

> 然言其戶口，則視三十年前增五倍焉，視六十年前增十倍焉，視百年、
> 百數十年以前不啻增二十倍焉。

可見亮吉認為康雍乾的盛世，存有人口激增的問題。然而這是如何造成的？在此先做一歷史考察，考察是怎樣的狀況下，才能使人口猛烈成長。追本溯源後，發現人口成長的原因有三：（下文參見陳權清〈清代人口的增長與危機〉一文）〔註22〕

一、康乾盛世、休養生息

　　康雍乾嘉年間，上至皇帝，下至臣僚學者，無不異口同聲將「戶口日繁」歸之於太平盛世。康雍乾三帝一致認為由於「國家承平日久」，導致「生齒日繁」〔註23〕。乾嘉年間，先有御使范咸指出「我國家休養生息於今百年，戶口日繁。」〔註24〕繼有文臣沈起元認定：「今天下戶口，數倍曩昔。」〔註25〕後有大學者章學誠亦云：「國家生齒日繁。」〔註26〕《清史稿》則概括為：「經累朝休養生息，故戶口之數，歲有增加。」〔註27〕上述諸說，只是從一個方面談論清代人口的增長，雖欠全面，但抓住了人口驟增的一個重要因素。

　　另外，在堪稱「治世」的康雍乾時代，除邊區時有平叛戰爭外，內地各省長期相對穩定，加之清廷採取多項恢復、發展生產的措施，以及多次蠲免錢糧、賑濟災民，百姓得以休養生息，生產獲得持續發展，國庫儲存白銀高達七千六百餘萬兩，其經濟實力遠超前代。在這種情況下，其人口之「日繁」，自在情理中。《清史稿》中曾述：「當時民冊恐不免任意填造之弊，然自聖祖以來，休養生息百有餘年，民生其間，無有夭札疵癘，轉徙顛踣以至于凋耗者，其戶口繁庶，究不可謂盡出子虛也。」〔註28〕此說公允地道出了康乾盛世人口增長的實情。

〔註22〕見陳權清，〈清代人口的增長與危機〉（載刊於《湖南師範大學社會科學學報》第二十卷第六期，1991年11月），頁54～58。
〔註23〕見《清聖祖實錄》卷二四九，康熙五十一年二月。
〔註24〕見范咸，〈八旗屯種疏〉，載刊於《皇朝經世文編卷三五·八旗生計》（國風出版社出版（下引，《皇朝經世文編》版本并同）），頁907。
〔註25〕見沈起元，〈擬時務策〉（載刊於《皇朝經世文編卷三五·八旗生計》），頁915。
〔註26〕見章學誠，《章氏遺書》卷二四（漢聲出版社出版）。
〔註27〕見《食貨·戶口》，載刊於《清史稿》卷一二○（台北：洪氏出版社出版，1981）。
〔註28〕同註27。

二、從「滋生人丁，永不加賦」到「攤丁入畝」

清代人口增長的第二個重要因素，應是「滋生人丁，永不加賦」，特別是「攤丁入畝」稅制的推行。清前期人丁稅的繼續徵斂，既有制約人口滋生的作用，更迫使人口的大量隱匿。康熙帝對人丁的隱痛曾有生動的說明，「朕凡巡幸地方，所至詢問，一戶或有五六丁，只一人交納錢糧；或有九丁十丁，止二三人交納錢糧。」〔註29〕康熙五十一年在他宣布「自後所生人丁，不必徵收錢糧」之後，無疑有促進人口滋生的作用，但由於固定的兩千數百萬丁額出現缺額時，則要以「本戶新添之丁」，或「親戚丁多者」，「或同甲糧多之丁」抵補，結果導致「丁倒累戶，戶倒累甲」〔註30〕的悲劇。可見滋生人丁不加賦並未兌現，對人口增長影響有限。於是雍正六年（1723），雍正（清世宗）又決定攤丁入畝「并全國丁銀入地畝」，無論人口多少，賦稅按地畝徵收，徹底地割斷了人口和賦稅的關係。且在攤丁入畝實施後，情況便大異於前。由於丁稅銀在各省先後攤入田糧銀內徵征，歷代以來的人頭稅在賦役法中取消，往日由於「差徭偏重」而「棄戶逃亡」〔註31〕；編審人丁時，「唯恐差徭及身，並戶減口」〔註32〕，一戶隱漏數丁的現象，基本上不復存在，「天地之民得無光丁之累」，於是大量隱漏逃亡人口，從地平線上一攤而出，入籍上冊，全國人口統計數自然大增。

三、永停編審、改行保甲戶冊制度

清代五年一編審的制度，由於胥吏作奸枉法，民心傷痛入骨。加之胥吏弄虛作假，胡亂編湊，為朝廷所不滿。「丁銀攤入地糧，益無問丁增減者」〔註33〕，上報滋生人丁，敷衍塞責而已。乾隆帝覺查之後，嚴厲指出：「以前所辦民數冊，歲歲滋生之數，一律雷同。似此簡率相沿，成何事體。」遂於乾隆三十七年（1772），通告全國「永停編審」，改行保甲戶口冊制，即「稽查戶口者，僅以保甲冊為據。保甲之法，戶給印牌，書其姓名丁口。」「出注所注，入注所來，戶有遷移登耗，隨時報明，門牌內改換填給。」「凡各府州廳縣所屬城、廂、市鎮、村屯，土著軍民，自縉紳至商賈、農工、吏役、兵丁，接挨戶編審。客民、行商、山民、棚民、僧道，接按戶

〔註29〕同註23。
〔註30〕見王慶云，《石渠余記‧紀丁額》、《石渠余記‧紀丁隨地起》，載刊於沈雲龍主編，《近代中國史料叢刊》第八輯（台北：文海出版社出版）。
〔註31〕見《賦役五》、《徭役議》（載刊於《皇朝經世文編》卷三三）。
〔註32〕同註30。
〔註33〕見《賦役》（載刊於光緒，《湘潭縣志》卷六）。

或按季冊報。」〔註34〕上述主要從治安出發而實行的保甲戶口冊制，其清查登記戶口之嚴密，對象之廣泛，非以往編審人丁制度可與比擬。由於舉國上下，各色人等，無不登記入冊，無不導致人口數量的增加。

　　經由上面的敘述，我們不難了解乾隆時期人口的暴漲，是其來有自的。然而人口增長的多寡到底是多少？這裏節錄孫毓堂、張寄謙〈清代的墾田與丁口的記錄〉第二單元清代歷年丁口記錄〔註35〕，羅列人口增長情形如下表：

順治、康熙、雍正三朝歷年人丁表			
年　度	人 丁 數	年　度	人 丁 數
順治八年（1651）	10,633,326	康熙十年（1671）	19,407,587
順治九年（1652）	14,483,858	康熙十一年（1672）	19,431,576
順治十年（1653）	13,916,598	康熙十二年（1673）	19,393,587
順治十一年（1654）	14,057,205	康熙十三年（1674）	17,246,472
順治十二年（1655）	14,033,900	康熙十四年（1675）	16,075,552
順治十三年（1656）	15,412,776	康熙十五年（1676）	16,037,268
順治十四年（1657）	18,611,996	康熙十六年（1677）	16,216,357
順治十五年（1658）	18,632,881	康熙十七年（1678）	16,845,735
順治十六年（1659）	19,008,913	康熙十八年（1679）	16,914,256
順治十七年（1660）	19,087,572	康熙十九年（1680）	17,094,637
順治十八年（1661）	19,137,652	康熙二十年（1681）	17,235,368
		康熙二一年（1682）	19,432,753
康熙元年（1662）	19,203,233	康熙二二年（1683）	19,521,361
康熙二年（1663）	19,284,378	康熙二三年（1684）	20,340,655
康熙三年（1664）	19,301,624	康熙二四年（1685）	20,341,738
康熙四年（1665）	19,312,118	康熙二五年（1686）	20,341,738
康熙五年（1666）	19,353,134	康熙二六年（1687）	20,349,341
康熙六年（1667）	19,364,381	康熙二七年（1688）	20,349,341
康熙七年（1668）	19,366,227	康熙二八年（1689）	20,363,568
康熙八年（1669）	19,388,769	康熙二九年（1690）	20,363,568
康熙九年（1670）	19,396,453	康熙三十年（1691）	20,363,568

〔註34〕見《食貨志・戶口》，載刊於同治，《瀏陽縣志》卷五。
〔註35〕見孫毓堂、張寄謙，〈清代的墾田與丁口的記錄〉（載刊於中國社會科學歷史研究所清史研究室編，《清史論叢》第一輯，北京：中華書局出版，1992），頁114～120。

康熙三一年（1692）	20,365,780	康熙四二年（1703）	20,411,480
康熙三二年（1693）	20,365,783	康熙四三年（1704）	20,412,380
康熙三三年（1694）	20,370,654	康熙四四年（1705）	20,412,560
康熙三四年（1695）	20,370,654	康熙四五年（1706）	20,412,560
康熙三五年（1696）	20,410,382	康熙四六年（1707）	20,412,560
康熙三六年（1697）	20,410,682	康熙四七年（1708）	21,621,324
康熙三七年（1698）	20,410,693	康熙四八年（1709）	21,921,324
康熙三八年（1699）	20,410,896	康熙四九年（1710）	23,312,226
康熙三九年（1700）	20,410,963	康熙五十年（1711）	24,621,324
康熙四十年（1701）	20,411,163	康熙五一年（1712）	24,623,524
康熙四一年（1702）	20,411,380		

年　度	人丁數	康熙五一年以後永不加賦滋生人丁數
康熙五二年（1713）	23,587,224	60,455
康熙五三年（1714）	24,622,524	119,022
康熙五四年（1715）	24,622,524	173,563
康熙五五年（1716）	24,722,424	199,022
康熙五六年（1717）	24,722,424	210,025
康熙五七年（1718）	24,722,424	251,025
康熙五八年（1719）	24,722,424	298,545
康熙五九年（1720）	24,720,404	309,545
康熙六十年（1721）	24,918,359	467,850
康熙六一年（1722）	25,309,178	454,320
雍正元年（1723）	25,326,307	408,557
雍正二年（1724）	25,510,115	601,838
雍正三年（1725）	25,565,131	547,283
雍正四年（1726）	25,579,675	811,224
雍正五年（1727）	25,656,118	852,877
雍正六年（1728）	25,660,980	860,710
雍正七年（1729）	25,799,639	859,620
雍正八年（1730）	25,480,498	851,959
雍正九年（1731）	25,441,456	861,477
雍正十年（1732）	25,442,664	922,191
雍正十一年（1733）	25,412,289	936,486
雍正十二年（1734）	26,417,932	937,530

乾隆至光緒歷年人口表			
年　度	人　口　數	年　度	人　口　數
乾隆六年（1741）	143,411,559	乾隆三三年（1768）	210,837,502
乾隆七年（1742）	159,801,551	乾隆三四年（1769）	212,023,042
乾隆八年（1743）	164,454,416	乾隆三五年（1770）	213,613,163
乾隆九年（1744）	166,808,604	乾隆三六年（1771）	214,600,356
乾隆十年（1745）	169,922,127	乾隆三七年（1772）	216,467,258
乾隆十一年（1746）	171,896,773	乾隆三八年（1773）	218,743,315
乾隆十二年（1747）	—	乾隆三九年（1774）	221,027,224
乾隆十三年（1748）	—	乾隆四十年（1775）	264,561,355
乾隆十四年（1749）	177,495,039	乾隆四一年（1776）	268,238,181
乾隆十五年（1750）	179,538,540	乾隆四二年（1777）	270,863,760
乾隆十六年（1751）	181,811,359	乾隆四三年（1778）	242,965,618
乾隆十七年（1752）	182,857,277	乾隆四四年（1779）	275,042,916
乾隆十八年（1753）	183,678,259	乾隆四五年（1780）	277,554,431
乾隆十九年（1754）	184,504,493	乾隆四六年（1781）	279,816,070
乾隆二十年（1755）	185,612,881	乾隆四七年（1782）	281,822,675
乾隆二一年（1756）	186,615,514	乾隆四八年（1783）	284,033,780
乾隆二二年（1757）	190,348,328	乾隆四九年（1784）	286,321,307
乾隆二三年（1758）	191,672,808	乾隆五十年（1785）	288,863,974
乾隆二四年（1759）	194,791,859	乾隆五一年（1786）	291,102,486
乾隆二五年（1760）	196,837,977	乾隆五二年（1787）	292,429,018
乾隆二六年（1761）	198,214,555	乾隆五三年（1788）	294,852,089
乾隆二七年（1762）	200,472,461	乾隆五四年（1789）	297,717,496
乾隆二八年（1763）	204,209,828	乾隆五五年（1790）	301,487,115
乾隆二九年（1764）	205,591,017	乾隆五六年（1791）	304,354,110
乾隆三十年（1765）	206,993,224	乾隆五七年（1792）	307,467,279
乾隆三一年（1766）	208,095,796	乾隆五八年（1793）	310,497,210
乾隆三二年（1767）	209,839,546	乾隆五九年（1794）	313,281,795
		乾隆六十年（1795）	296,968,968

年　度	人　口　數	年　度	人　口　數
嘉慶元年（1796）	275,662,044	道光七年（1827）	383,696,095
嘉慶二年（1797）	271,333,544	道光八年（1828）	386,531,513
嘉慶三年（1798）	290,982,980	道光九年（1829）	390,500,650
嘉慶四年（1799）	293,283,179	道光十年（1830）	394,784,681
嘉慶五年（1800）	295,237,311	道光十一年（1831）	395,821,092
嘉慶六年（1801）	297,501,548	道光十二年（1832）	397,132,659
嘉慶七年（1802）	299,749,770	道光十三年（1833）	398,942,036
嘉慶八年（1803）	302,250,673	道光十四年（1834）	401,008,574
嘉慶九年（1804）	304,461,284	道光十五年（1835）	401,767,053
嘉慶十年（1805）	332,181,403	道光十六年（1836）	404,901,448
嘉慶十一年（1806）	335,369,469	道光十七年（1837）	405,923,174
嘉慶十二年（1807）	338,062,439	道光十八年（1838）	409,038,799
嘉慶十三年（1808）	350,291,724	道光十九年（1839）	410,850,639
嘉慶十四年（1809）	352,900,042	道光二十年（1840）	412,814,828
嘉慶十五年（1810）	345,717,214	道光二一年（1841）	413,457,311
嘉慶十六年（1811）	358,610,039	道光二二年（1842）	414,686,994
嘉慶十七年（1812）	333,700,560	道光二三年（1843）	417,239,097
嘉慶十八年（1813）	336,451,672	道光二四年（1844）	419,441,336
嘉慶十九年（1814）	316,574,895	道光二五年（1845）	421,342,730
嘉慶二十年（1815）	326,574,895	道光二六年（1846）	423,121,129
嘉慶二一年（1816）	328,814,957	道光二七年（1847）	424,938,009
嘉慶二二年（1817）	331,330,433	道光二八年（1848）	426,737,016
嘉慶二三年（1818）	348,820,037	道光二九年（1849）	412,986,649
嘉慶二四年（1819）	301,260,545	道光三十年（1850）	414,493,899
嘉慶二五年（1820）	353,377,694		
		咸豐元年（1851）	432,164,047
道光元年（1821）	355,540,258		
道光二年（1822）	372,457,539	光緒十三年（1887）	401,520,392
道光三年（1823）	375,153,122		
道光四年（1824）	374,601,132		
道光五年（1825）	379,885,340		
道光六年（1826）	380,287,007	光緒二七年（1901）	426,447,325

由上資料清楚可知康熙、雍正年間，由於人口編審的對象限於十六歲至六十歲的應役男丁，因此當年統計是以人丁數為主，直至乾隆六年，實行保甲戶口制度，統計結果才是全國人口數。既知人丁和人口數後，我們可明顯看出乾隆初人口突破一億大關，乾隆中葉則突破二億大關，乾嘉之交則超過三億。洪亮吉身處此時，自然也會發覺此種現象，於是他在《意言・治平》中說：

> 治平至百餘年，可謂久矣。然言其戶口，則視三十年以前增五倍焉。
>
> 視六十年前增十倍焉。是百年百數十年以前不啻增二十倍焉。

洪亮吉是在乾隆五十八年完成《意言》的，因此在此他言「三十年前」便是乾隆二十八年；「六十年以前」便是指雍正十年，「百年以前」便是康熙三十年，「一百二十年以前」則是康熙十年。既知洪氏所言確切年代，我們便可追溯當年的人口數，並將洪氏所言和實際的增加率做一比較，如下圖。

清代人口（丁）數增長情形

年　度（公元）	人 丁 數	倍　數（今÷古）	人 口 數	倍　數（今÷古）	〈意言〉原文引述（戶口）
1.康熙十年（1671）	19,407,587	15.9	77,630,348	4	古：「視百數十年以前，不啻增二十倍焉」
2.康熙三十年（1691）	20,363,568	15.2	81,454,272	3.8	古：「視百年以前」
3.雍正十年（1732）	25,442,664	12.2	101,770,656	3	古：「視六十年以前增十倍」
4.乾隆二八年（1763）			204,209,828	1.5	古：「視三十年以前增五倍」
5.乾隆五八年（1793）			310,497,210		今：〈意言〉誕生；立論基點

註：1.此人丁數與人口數的轉換約為四倍，即人口數=4×人丁數
　　2.此表節錄孫毓堂、張寄謙〈清代的墾田與丁口的記錄〉一文資料製成

年　度	康熙十年	康熙三十年	雍正十年	乾隆二八年	乾隆五八年
人口數	77,630,348	81,454,272	101,770,656	204,209,828	310,497,210

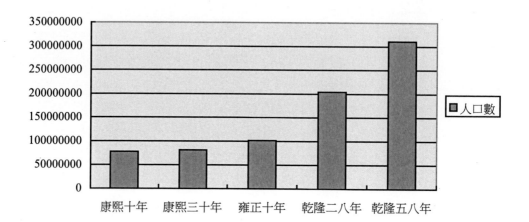

由上表的數據可知實際人口數和亮吉所言不符，那為何會有如此的差異呢？是否如同大多學者認為的誇大之嫌？〔註36〕在經一番比較考察後，發現之所以會有如此的結果，原來是亮吉將「人丁數」和「人口數」混為一談。因為當時人口調查還存在一個嚴重的問題，便是指人丁數和人口數混為一談的狀況。如《清聖祖實錄》、《清世宗實錄》將編審入冊的二四六二萬至二六四一萬餘人丁，以「人丁戶口」相稱，究竟是人丁數還是人口數？令人費解。又如乾隆五十八年（1793），高宗在查閱民冊時，也鬧了個人丁與人口不加區分的笑話，「五十八年，純廟閱聖祖實錄，至康熙四十九年（1710）民數二三三〇萬，因查上年（乾隆五十七年）各省奏報民數三億〇七四六萬，計增十五倍有奇。」〔註37〕顯然，乾隆帝將康熙年間編審的納稅人丁數，與乾隆年間造報的大小男婦數混同看待。乾隆這個差錯至道光年間已被王慶雲所指出，王氏說康熙年間編審的是「丁額」，「蓋賦稅之定額，而非滋生之實數也」〔註38〕，

〔註36〕關於學者認為「洪亮吉人口數」過於誇大的看法：
　　　（一）余德仁，〈我國早期的人口論學者──洪亮吉〉：「清代乾隆年間，我國人口曾以五十年中增長一倍多的歷史上最高記錄載入史籍，但也並沒有如洪氏所稱，每三十年增加五倍、六十年增加十倍之多的情況。……（馬爾薩斯和洪亮吉說法）兩相對照，看來不無有誇大其詞之嫌。」（載刊於《史學月刊》第一期，1981），頁50。
　　　（二）李世平，〈洪亮吉是中國的馬爾薩斯嗎？〉：「評論洪亮吉關於清代前期人口增加率的提法，一方面，我們在前面已經指出他的誇大其詞；但在另一方面，他也基本上如實反映了當時出現的人口增長率和增殖數字達到空前高度這樣的客觀現實。誇大其詞是借以表白他的憂心忡忡，力求引起人們的重視，不要掉以輕心。從這一方面看，不應因其誇大而全部抹剎他的本意。」（載刊於《社會科學研究》第一期，1979），頁77。
〔註37〕同註30，頁244。
〔註38〕同註30，頁245。

與乾隆間統計的人口總數是不同的。正如上面所述，可知乾隆時期確切眞有將「人丁」和「人口」數混合爲一的情形，所以洪亮吉身處此時，自然也就根據時代潮流的觀感對人口增長率做一說明及預測。無怪乎他的觀感跟實際的人口數不相符合。

統而言之，洪亮吉主張確實有疏漏處，然而姑且不論人口增倍的精確數字，乾嘉年間人口暴增乃是一個不容爭辯的事實，怎麼可以錙銖計較於數字的多寡，而忘卻眞實的人口危機？所以我們觀察洪亮吉的人口論重點不在於他所論的數據對不對，而是要表揚他「先天下之憂而憂」的憂患意識。

第二節　田屋不足以供戶口的成長

人要生存下去，最主要的便是食、衣、住、行四方面皆有照應。四者較之，尤以食住爲要。食是維持人生命的原動力，住則是個人棲身之所。糧不足則不能飽其腹，住不敷則不能安其身。食不飽，居不安，則必動搖人的生存根本。反之，食住無虞，人才可健康快樂的生存。然而乾嘉年代人口暴增，可見人對食和住的需要，一定會隨人口激增而增強。也就是指農田的增產和住屋的建築必須適時成長，這乃是不容忽視的問題。洪亮吉於是注意到人口遽增的同時，便開始考察田屋的成長率。經過實際數據評估後，亮吉發現人口成長和田屋成長的腳步不同，差距甚大，前者遠超過後者。他因而憂心忡忡地行諸於文，創作〈治平〉篇來闡述他發現的事實，盼能引起執政者和一般民眾的重視。他以一個中小家庭爲對象，娓娓道出他的憂慮：

> 試以一家計之，高曾之時，有屋十間，有田一頃。身一人，娶婦後不過二人；以二人居屋十間，食田一頃，寬然有餘矣。以一人生三計之，至子之世而父子四人，各娶婦即有八人；即不能無傭作之助，是不下十人矣。以十人而居屋十間，食田一頃，吾知其居僅僅足，食亦僅僅足也。
>
> 《意言・治平》

在這裏洪亮吉剖析了一個大約相當於中小地主的家庭狀況，指出高祖父曾祖父時，這家庭若有房屋十間、田一頃，夫妻兩人而居，生活自然過得十分寬裕。然而人會隨年齡老化而死亡，故不得不藉傳宗接代來薪火相傳。因此從高曾之時隨著時間的發展，人口便迅速增長起來。且說一人若生三人，父子四人各自娶婦後就有八人。此處亮吉計算人口增長時，只計算丁男的繁衍，而不計女子的出生。關於此點，胡一雅的〈洪亮吉人口學說述評〉就曾替亮吉解釋爲「他所謂『以一人生三計之』，是以平均每對夫婦生三個男孩計算，沒有把生育女孩計算在內，在計算第二代人口時，他說『父子四人各娶婦即有八人』，是把生育等量的女子，當作不說自明的前提。」

〔註39〕可見這樣的中小家庭基本人口已有八人，再加上「傭作之助」的人口，使人口「不下十人矣。」而十人居住在十間房屋，並以一頃田的產量來維繫生活，洪亮吉感嘆地說：「吾知其居僅僅足，食亦僅僅足也。」也就是說食物和住屋都只是切合人們的基本需要，不容許有任何特殊狀況。然而人口仍然會繼續繁衍（傳承）滋生，那麼以後的人口所食所居又將如何？面對人口增長，洪亮吉遂在《意言‧生計》篇中接著說：

> 子又生孫，孫又娶婦，其間衰老者或有代謝，然已不下二十餘人；而居屋十間，食田一頃，即量腹而食，度足而居，吾以知其必不敷矣。又自此而曾焉，自此而元焉，視高曾時，口已不下五、六十倍。是高曾時為一戶者，至曾元時不分至十戶不止。其間有戶口消落之家，即有丁男繁衍之族，勢亦足以相敵。

從高、曾祖到父輩到子輩，子輩又到孫輩，人口一直在傳承。雖然人口老化會凋零代謝，但是跟新生兒誕生的速度相比，仍然會顯得落後〔註40〕。是故人口代代相傳必有增長的趨勢。而且亮吉認為人口傳至孫輩後，食和住就是在計量的前提下，仍然會顯得不足。更何況孫輩到曾孫到元孫，一代傳承一代，無怪乎一個家庭會滋生成十戶。而且在這段時間內，有人口出生眾多的家庭，當然也會有戶口消失的家庭，經過互相抵銷後，人口仍然是高、曾祖時的五、六十倍。在這樣人口增加的情況下，住屋和食物當然會不敷使用。然而住屋和食物，從高曾祖時到元孫輩「房十間，田一頃」的生活條件，難道會沒有增長嗎？洪亮吉繼續探討：

> 或者曰：「高曾之時，隙地未盡闢，閒廛未盡居。」然亦不過增一倍而止矣，或增三倍、五倍而止矣，而戶口則增至十倍、二十倍，是田與屋之數常處其不足，而戶與口之數常處其有餘也。《意言‧治平》

前面敘說了人口會隨時間而成長後，然而人們所需的生活資料就不會隨時間而增長嗎？也就是說早在高曾祖時，必定有未開闢的的耕地，或是有未被人居住的空房，這不就可解決「增加人口」的吃住問題嗎？對於這個問題，洪亮吉在此明確指出，符合上述未開發的耕地或未有人居住的住屋，它的成長率只不過是原本食物住屋的一倍、三倍或五倍而已；然而同時間家庭戶數和人口則會增加十倍、二十倍。所以要以增長

〔註39〕參見胡一雅，〈洪亮吉人口學說述評〉（載刊於《東北師範大學學報》第三期，頁104，1980年7月）。

〔註40〕子曰：「三十而立。」此「立」是指成家立業，既已成家，自然會有新生兒的誕生；反觀人的壽命，以常人觀之，皆以六十為壽終正寢。因此六十年和三十年的差距，明顯可知，人死亡的速度當然較人出生的速度為慢。是故人死亡的數目必不能剛好取代新生兒的出生數。

一、三或五倍的食物和住屋去供給十、二十倍的人口，自然是捉襟見肘、入不敷出了。因此洪亮吉遂發「田與屋之數常處其不足，而戶與口常處其有餘」的慨嘆吧！

　　且說洪亮吉在發現人口暴增的事實後，即刻將關心的焦點置於和人口增長密切相關的土地和房屋上。而土地和房屋無疑是維持人類生存的物質生活條件，缺一不可。然而單就洪亮吉所言「田屋之數不敷使用」，是否符合史實？於是在此便採梁方仲《中國歷代戶口、田地、田賦統計》一書中的實際數據製成下表：〔註41〕

清代直省總計人丁、田地、田賦及其平均數

年　代 （公元）	人　丁 （口）	田　地 （畝）	田　賦 銀（兩）　糧（石）		平　均　數 （每人畝數）
順治十八年 （1661）	21,068,609	549,357,640	21,576,006	6,479,465	26.07
康熙二四年 （1685）	23,411,448	607,843,001	24,449,724	4,331,131	25.96
雍正二年 （1724）	25,284,818	683,791,427	26,362,541	4,731,400	27.04
乾隆十八年 （1753）	102,750,000	708,114,288	29,611,201	8,406,422	6.89
乾隆三一年 （1766）	209,839,546	741,449,550	29,917,761	8,317,735	3.53
乾隆四九年 （1784）	（滋生人丁） 80,057,683 （原額人丁） 54,671,497	718,331,436	29,637,014	4,820,067	
嘉慶一七年 （1812）	361,693,179	792,024,423			2.19

註：此表節錄梁方仲《中國歷代戶口、田地、田賦統計》一書資料而成

年　　代	順治十八年	康熙二四年	雍正二年	乾隆十八年	乾隆三一年	乾隆四九年	嘉慶一七年
平均畝數	26.07	25.96	27.04	6.89	3.53		2.19

〔註41〕見梁方仲，《中國歷代戶口、田地、田賦統計》（上海：人民出版社出版，1985 年 2月第三次印刷（下引梁方仲，《中國歷代戶口、田地、田賦統計》版本并同）），頁391～401。

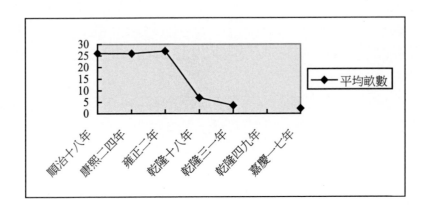

　　在論述此表之前，我們先要提及的是土地的人口容力，也就是需要多少土地，才可養活一個人。關於這個問題，洪亮吉在《意言‧生計》篇開宗明義便言：

　　　　今日之畝，約凶荒計之，歲不過出一石。今時之民，約老弱計之，日

　　　不過食一升。率計一歲一人之食，約得四畝。

此處洪亮吉明確指出一歲一人之食約得四畝。我們既知此事實後，再以此標準觀看前表，則明顯的可知乾隆三一年後，人民平均獲得的畝數，就已不敷使用，更何況生活在人口遽增的時代，其命運的困苦即可預估。因此證明亮吉所說「田與屋之數常處其不足，而戶與口之數常處其有餘也。」確實無誤。而且我們繪製人口和田地成長圖，更可見人口增長曲線大於田屋成長曲線（如下圖），無怪乎洪亮吉以「憂患意識」的思想提出他的人口論了。

　　全漢昇〈乾隆十三年米貴問題〉一文（《中國經濟史論叢》第二冊五至五六六頁）中，附表數字，簡列如下：

順治末年至乾隆中期（1661～1766）中國耕地積增加表

年　　份	耕地面積（頃）	與上次數字距離時間	自上權數字年份至今年增加率
順治 18（1661）	5,492,577	——	——
康熙 24（1685）	6,078,429	24（）	0.424%
雍正 2（1724）	7,263,429	39	0.457%
乾隆 31（1766）	7,807,156	42	0.181%

　　我們從上面所列的數字看，自雍正二年（1724）到乾隆三十一年（1766），耕地面積增加的速度就緩了下來，年增速率漸漸減為 0.81%；比較以前的多餘 0.4% 就有了很大的距離。這一種情形，可以用下面的示意圖來表示：

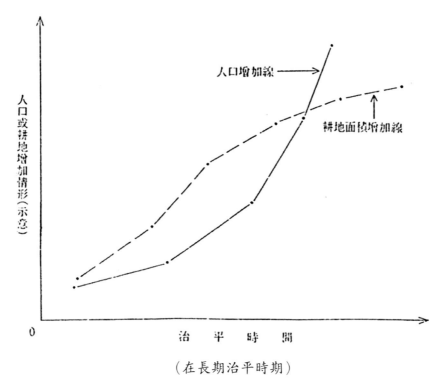

（在長期治平時期）

註：此文摘自宋敘五〈洪亮吉的人口論思想〉（載刊於《國史釋論——陶希聖先生九秩榮慶祝壽論文集》（上）台北：食貨出版社出版，1987 年 11 月），頁 273～274。

　　統而觀之，由於亮吉所處的時代，是以家庭為生產單位的農業經濟社會，加上中國傳統的早婚和多子的倫理觀念，故亮吉以中小家庭推算從高曾祖到元孫的人口成長數，他論述的情形並不是誇張的言論或子虛烏有的唱高調，基本上是符合實際的狀況。正因為他舉出事實，讓人們了解耕地和住房是人們生活的主要條件，同時也是人們獲取生活資料的源泉。故洪亮吉在此能擺脫傳統思想的束縛，看到人口增長同耕地居屋增長之間的關係（人口增長得的速度大大地超過土地、房屋等物質生活資料的增長），把人口的發展同經濟發展、民生需要聯繫起來考察，在當時是難能可貴的。因此我們重讀洪亮吉的著作，不但可發現他思想的敏銳和見解的精闢，更可從中體會出他對人口暴增的憂慮。

第三節　人口激增，入不敷出，無法自給自足

　　洪亮吉《意言‧治平》篇中除了明確道出乾嘉年間人口激增外，接著就將眾人注目的焦點牽引到需與人口相對成長的住屋和田地，得出「田屋的增值遠不如人口增長」的結論，讓人們開始重視這個問題。所以洪亮吉緊接著在《意言‧生計》篇中進一步探討人口成長過快的因將會導致怎樣的果？也就是將探討的重點落實到人民直接相關的生計上，他說：

　　　　今日之畝，約凶荒計之，歲不過出一石。今時之民，老弱計之，日不過食一升。率計一歲一人之食，約得四畝。十口之家，即需四十畝矣。今之四十畝，其寬廣即古之百畝也。《意言‧生計》

洪亮吉曾言「天地雖至大，物力本不多。」〔註42〕又說「要之治平之久，天地不能不生人，而天地之所以養人者原不過此數也。」《意言‧生計》這即是言國家社會對人口的容納力，皆有一個限度。亮吉深知此理，故他《意言‧生計》篇首先便探討這個問題。他是根據土地的生產力（「今日之畝，約凶荒計之，歲不過出一石。」），及每人的需求量（「今時之民，老弱計之，日不過食一升。」），來計算當時全國的人口容力。依照洪亮吉的說法，每人大約需要四畝地生產的糧食才可生存。且在乾隆末年，全國總人口超過三億；而全國的耕地面積，不足八百萬頃〔註43〕。以全國總人口數除耕地面積，每人平均耕地不足三畝。這無疑是未達每人的需求量，已經在亮吉所認為每人必須耕地面積（四畝）之下了。由此可見，乾隆末年人口容力已經出現不足的現象。

　　生計問題因人口的提昇而漸趨重要，洪亮吉唯恐一般人秉持「自掃門前雪」的態度（禍及自身才會頓悟），遂把論點放在人民天天接觸的生計細目上，並比較乾隆初年和乾隆末年的物價升降。他說：

　　　　聞五十年以前，君祖若父之時，米之以升計者，錢不過六、七，布之以丈計者，錢不過三、四十。一人之身，歲得布五丈，即可無寒；歲得米四石，即可無飢。《意言‧生計》

洪亮吉《意言》的創作完成於乾隆五十八年，因此此處所言「聞五十年以前」，即是指乾隆八年之前，這即可泛指乾隆初年的情形。我們皆知在一個近於自給自足的農

〔註42〕見洪亮吉，《卷施閣詩卷八‧寄興》（載刊於洪用懃等編撰，《洪北江（亮吉）先生遺集》（三）），頁12822。

〔註43〕有關乾隆末年全國耕地面積：參見梁方仲，《中國歷代戶口、田地、田賦統計》一書統計出（一）清乾隆四十九年各省田地總計七一八三三一四三六畝；（二）清嘉慶十七年各省田地總計七九二○二四四二三畝。以上兩者皆不足八百萬頃。

業社會中，物價變動被認爲是一種極爲重要的經濟指標。它可以顯示商業的動態，以及人民的生活狀況等等。而且糧食價格往往是物價中最重要的一種，糧價的變動甚至足以代表一般物價的情況；因爲糧食爲人人所必需，在一個以農業爲主的社會中，其產品大部份都是糧食，一般也都隨著糧價而升降。可見糧食價格往往會影響整個社會的物價，所以亮吉在此首先討論的便是人人必需品——米和布。米和布的價錢在當時還算公允（一升米等於六、七錢；一丈布等於三、四十）。因此若估計一人一年所需——布要五丈，米要四石，具備這樣的生活資源，才可確保一人的健康成長。然而這些物質的資源，是要將近三千的錢才可換得。然而一個人憑勞力或智力換得的報酬，是否可滿足自己的生活需要。洪亮吉《意言·生計》篇中又深入探討。他說：

> 四民之中，各有生計，農工自食其力者也。商賈各以其贏以易食者也。士亦挾其長傭書授徒以易食者也。除農本計不議外，工商賈所入之至少者，日可餘百錢，士傭書授徒所入，日亦可得百錢。是士工商一歲之所收入，不下四十千。《意言·生計》

洪亮吉針對世俗的看法，依人們職業的性質，將人們普遍歸爲士、農、工、商四類。且就士、農、工、商的生計個別觀之：農民和工人，都可說是出賣勞力、自食其力者；商人則是靠所得的盈利來換取糧食；士人則是靠受人雇用從事書寫工作來兌換糧食。以上除了農民以本業爲生計不予討論外，工人、商人每日至少可獲得百錢，而士人教書寫作同樣也可得百錢。因此可知士、工、商一年的收入，皆不低於四十千錢。所以這樣的生產能力（每歲四十千錢），想必定可支付每人每歲三千錢米布的花用。故洪亮吉在《意言·生計》篇說：

> 米四石爲錢二千八百，布五丈爲錢二百，是一人食力，即可以養十人。而不耕不織之家，有一人營力于外，而食固已寬然矣。

由上述可知，乾隆初年家中只要有一人出外工作（士、工、商業不拘），以他每年四十千錢的收入，不但可滿足自己每年三千錢的基本生活物質費用，同時還可支付九個人的生活所需。因此縱然是不從事耕作或織布的家庭，只要有一人出外謀生，衣食即可無虞也。亮吉之所以回顧以前、了解從前的生計狀況，他是否有特別的用意？我們接著觀看：

> 今則不然，爲農者十倍于前，而田不加增；爲商賈者十倍于前，而貨不加增；爲士者十倍于前，而傭書授徒之館不加增。《意言·生計》

原來洪亮吉這裏是以「鑒往所以知來，撫古思今」的原則，利用今昔對比，凸顯問題，讓人們自覺。所以在他述說了乾隆初年生計情形後，接著便回歸到現實。我們

皆知他是在乾隆五十八年完成《意言》的創作，因此此處所言的「今」，即是指乾隆末年的時代狀況。經亮吉觀察後，發現社會的就業人口猛增的趨勢（士、農、工、商……各行各業皆是如此），然而社會人口容力卻未隨之成長，也就是提供人民生活的物質資料未增加，故其言農人增而田不增；商人增而貨不增；士人增而傭書授徒之館卻不增。試想這樣的發展，勢必影響到人民獲得基本資料的多寡。人們在此環境下，是否有能力繼續維持？當時人民是如何應變時局？洪亮吉於是又再加以述說：

昔之以升計者，錢又需三四十矣；昔之以丈計者，錢又需一二百矣。

所入者愈微，所出者益廣。于是士農工賈各減其值以求售；布帛粟米，又各昂其價以出市。《意言‧生計》

由上可知乾隆末年在人口激增、社會人口容力不增的條件下，物價卻飛漲了。一升米的價格，由以前的六、七錢漲至三、四十錢〔註44〕；一丈布的價格由以前的三、四十錢漲至一、二百錢。這無疑是表米價上漲了五、六倍（如下圖：參見全漢昇先生〈清中葉以前江浙米價的變動趨勢〉），布價上漲了四、五倍。由此可見隨著人口過剩問題的日趨嚴重，必然帶來生活資料的貧乏、物價的上漲。然而與日遽增的人民仍然要生活，故迫於生活的壓力，於是各行各業各自降低索取的報酬以就業。如此一來個人的薪資即工作報酬率就會相對減少，即所謂「所入者愈微，所出者愈廣」。不但如此，由於生活資料有限，造成眾多人口去競爭有限物質。這麼一來，正如同亮吉所說「布帛粟米，又各昂其價以出市」了。洪亮吉身處當時、目睹時局，不但感慨萬千，更加憂心忡忡，無疑他會對人口問題特別關注了。

〔註44〕有關米的價格，清錢泳，《履園叢話》中亦曾述：「『康熙四十六年，蘇、松、常、鎮四府大旱，是時米價每升七文，竟長至二十四文。次年大水，四十八年復大水，米價雖較前稍落，而每升不過十六、七文。雍正、乾隆初，米價每升十餘文。二十年蟲荒，四府相同，長至三十五文，餓死者無算。后連歲豐稔，價漸復舊，然每升亦只十四、五文為常價也。至五十年大旱，則每升至五十六、七文。自此以后，不論荒熟，總在二十七、八至三十四、五文之間為常價矣。』錢泳所講蘇、松、常、鎮四府米價漲落的情況，雖然是受水旱蟲災的影響而上下波動幅度很大，但從中可以看出，康熙年間米每升只有七文，乾隆五十年后，米每升二十七、八文至三十四、五文為『常價』，八十多年，米價上漲四至五倍，也是由於人口迅速增加，糧食供不應求，貨幣逐漸貶值而造成的。」頁27，台北大立出版社出版，1982年景印初版。

清中葉以前的江、浙米價指數

基期：康熙中葉

時　期	地　區	每石米價（銀兩）	代　表	指　數	根　據　資　料
順治初（1644）	江、浙	2.0 以外	2.0	333 以上	賀長齡輯《皇朝經世文編》卷二十九董以寧《白糧本折議》。
康熙初（約 1662～1665）	江、浙	0.7～0.8	0.8	133	《東華錄康熙》五，康熙四年三月戊戌。
康熙中葉（1691）	江、浙	0.5～0.7	0.6	100	《東華錄康熙》九十八，康熙五十五年九月甲申：「江、浙素稱豐富，朕前巡幸南方時，米價每石不過六、七錢。」按康熙帝自康熙二十三年至四十六年前後巡幸蘇、杭六次。又彭延慶等修《蕭山縣志稿》五：「（康熙）三十五年大有，斗米五分。」又董以寧《白糧本折議》：「江、浙之米……承平以來，價日益賤，……後至五、六錢不足。」（時期亦大約在康熙中葉。）
康熙四十六年（1707）春、夏	蘇州、松江、常州、錢江	0.8	0.8	133	錢泳《履園叢話》卷一，米價：「康熙四十六年，蘇、松、常、鎮四府大旱。是時米價每升七文，竟漲至二十四文。」大旱之後，米價飛漲，為不規則變動，那時正常價格當為七文。今按全漢昇著《美洲白銀與十八世紀中國物價革命的關係》（《集刊》第二十八本）第一表中康熙六十年以前銀、錢比價，把每石價格（七百文）折成銀兩。
康熙五十五年（1716）	蘇州	0.9～1.2	1.1	183	見前引全漢昇著第二表。錢以下四捨五進。
雍正四年（1726）四月	江、浙	1.1～1.2	1.2	200	《硃批諭旨》第十三冊，雍正四年四月初八日何世璂奏。
乾隆四年（1739）	浙江	1.5～1.8	1.7	283	琴川居士編輯《皇清名臣奏議》卷三十五，孫灝〈酌減採買額數疏〉。

乾隆二十年（1755）前後	蘇州、松江、常州、鎮江	1.7～1.8	1.8	300	錢泳《履園叢話》卷一，米價：「（乾隆）二十蟲荒，……餘皆連歲豐稔，價漸復舊，然每升祇十四、五文，爲常價也。」今按前引全漢昇著第一表乾隆十八年與二十六年以前銀、錢比價之平均數（八二〇文＝一兩），把每石價格（一千四、五百文）折爲銀兩。
乾隆二十六年（1761）三月	蘇州	1.8～2.1	2.0	333	《高宗實錄》卷六三六，乾隆二十六年五月庚戌。錢以下四捨五進。
乾隆五十年（1785）以後	蘇州、松江、常州、鎮江	2.3～3.0	2.7	450	錢泳《履園叢話》卷一，米價：「自此（乾隆五十年）以後，不論荒熟，總在二十七、八至三十四、五文之間，爲常價矣。」今按前引全漢昇著第一表乾隆五十一、五十七、五十九、六十年銀、錢比價之平均數（一兩＝一、一六〇文），把每石價格折爲銀兩。

※　因為每石米價多以距離（Range）表示，可是我們在計算指數時必須在此距離中確定一點（Point）來作代表值，所以現在都取距離的中點（Mid-point）為代表值。錢以下四捨五入。

※　根據表中所引資料，但知康熙中葉米價約為五錢至七錢，而不能確定為那一年或那幾年。今為繪圖方便起見，暫假定為康熙三十年（1691）。

※　雍正年間我國各地米價大致平隱，並沒有長期上升或下降的趨勢存在。請參考拙著清雍正年間（1723～1735）的米價（中央研究院歷史語言研究所集刊第三十本）一文。現在選其中年歲豐稔的一年的米價為代表值。

　　我們從以上的江浙米價表的實際價格變動情況觀察，便很容易看出清中葉以前江、浙米價的長期趨勢是這樣的：從順治初年至康熙初業價陡落、此後仍然繼續降低，但趨勢卻變得很緩慢；自康熙中葉以後，米價開始上升，其上漲趨勢一直到乾隆末年繼續未已，康、雍之間約提高一倍，到乾隆末年價格更增漲至康熙中葉價格的四倍以上。換句話說，從十七世紀中葉至末葉我國江、浙一帶米價水準大爲降低，可是此後亙整個十八世紀米價水準都在逐漸上升之中。現在如果以康熙中葉的米價（五錢至七錢）爲基期，那末，順治初年價格指數當在 333 以上；從順治初至康熙中葉約半世紀的期間，價格指數從 333 以上降至一百；從康熙中葉至雍正時期約一世紀的三分之一的期間，指數從 100 增至 200，恰巧提高一倍；從雍正時期至乾隆末年約一世紀的三分之二的期間，指數從 200 增至 450，又遞增一倍有食餘。現在我們再把各指數繪爲一曲線圖，這一百多年江、浙米價變動的趨勢就更爲明顯。

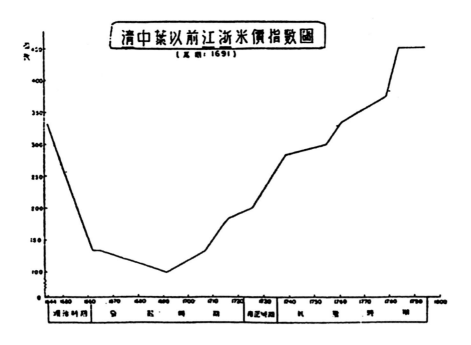

註：此文摘自全漢昇、王業鍵合著《中國經濟史論叢——清中葉以前江浙米價的變動趨勢》香港中文大學新亞書院出版，1972 年 8 月

總之，從第一節到第三節的敘述，我們可知亮吉認為人民生活貧困的根本原因，乃在於人口的增長與擴大耕地面積以發展農業生產之間的不相適應。因為隨著人口迅速增長，耕地卻未相對應的擴大，農業生產得不到相應的發展，則工業、商業以至文化教育事業的發展，都受到極大的限制。人口增加太快，國民所得無法提高。其結果勢必導致物價上漲，四民失業，人民生計日趨艱難。所以洪亮吉便將其所見所聞，抒發為文，形成他憂患意識的人口論。

第四節　天地、君相調劑法成效不彰

洪亮吉的人口論，一方面揭露乾嘉年間人口暴增的現象，一方面則是述說人口激增所帶來的結果，另一方面則不忘追尋可使人口減少的因素，也就是可緩和人口成長的方法。在他觀察事實現象後，發現減緩人口壓力不外有二種方式：一是自然災害的「天地調劑法」；一是人為努力的「君相調劑法」。

首先就「天地調劑法」而言，洪亮吉《意言·治平》篇中言：

> 曰天地有法乎？曰：水旱疾疫，及天地調劑之法也。

洪亮吉剖析人口減少的原因，以實事求是的態度發現有水災、旱災、疾病、疫災四種情形，他稱之爲天地（自然）調劑法。也就是藉由自然災害的發生，人們在無法預防抵禦的狀況下，往往會造成部份人口的死亡，這雖然是較悲慘的方式，然而卻是人口減少的確實原因。然而試問既然人口激增的同時，人口也可藉由「天地調劑法」來縮減人口，那爲何還會出現人口問題？這又是什麼原因？洪亮吉《意言‧治平》篇中繼續探討。他說：

> 然民之遭水旱災疾疫而不幸者，不過十之一二矣。

原來這跟「天地調劑法」實際減少人口的比例有關。「天地調劑法」確實可減少人口，然而減少的人數卻只是十分之一或十分之二。關於亮吉這裏所說，是否符合事實？林逸先生在其《洪亮吉（北江）及其人口論》一書中就曾專門針對此點予以研究，明列出歷代水災、旱災、饑饉、疫災等年數及嚴重災情簡表，得知無論那一朝代的災禍，因記載不全，一鱗半爪，有欠確實。當時人口死亡的嚴重性，難從字裏行間可以想像得到，但難掇拾可靠的數據出來。『所遭不幸者』，與亮吉所稱『十之一二』，或相接近〔註45〕因此本文便不再針對此點加以贅述。在此僅補充一點，亮吉言「然民之遭水旱災疾疫而不幸者，不過十之一二矣。」一般人或許會因『不過十之一二矣』的語氣，懷疑是否表亮吉嫌此災害迫害人口的比例太少，在此乃替亮吉做一說明。亮吉言此法不過使人口減少十之一二（效力不大），他之所以如此說並不表他希望「水、旱、疾、疫」的災害擴大或頻頻發生，而是完全以昔日發生的狀況，予以正確估計，絕非表示他冷酷無情，希望「天地調劑法」應使更多人喪生。更何況他在《意言‧治平》篇中也曾說：

> 遇有水旱疾疫，則開倉廩，悉府庫以賑之。

天災降臨，人們無法抵擋天災，所以只好接受天災的事實。然而造成部份人口的死亡，究竟是一種悲慘的事。所以洪亮吉不願見此，故希望能盡力挽救，主張當國內發生水旱疾疫時，朝廷當局能開公家糧倉及府庫，全力賑災。由此可知，亮吉當然是不樂見人民死於天災，而他之所以言死於天災者「不過十之一二」，乃是針對人口面臨天災實際減少的數據而言，絕非表示他期望更多人喪生於天災。當我們認清這個事實後，便可理解亮吉發現人口激增的狀況後，焦急萬分地急欲尋求策略來平衡這個人口暴增的趨勢，因此在尋得可減少人口的「天地調劑法」後，原本以爲人口問題可迎刃而解，然而事實並非如此，減少「十之一二」仍無法平衡人口成長，也

〔註45〕見林逸著，《洪亮吉（北江）及其人口論》（台北：台灣商務印書館出版 1979 年 9 月初版（下引林逸，《洪亮吉（北江）及其人口論》版本并同）），頁 16～28。

就表示天地調劑之法杯水車薪、無濟於大事。因此他又提出另一方法——「君相調劑法」，以應世局。

何謂「君相調劑法」？洪亮吉《意言・治平》篇言：

> 曰：君、相有法乎？曰：使野無閒田，民無剩力，彊土之新辟者，移種民以居之，賦稅之繁重者，酌今昔而減之，禁其浮靡，抑其兼併，遇有水旱疾疫，則開倉廩、悉府庫以賑之，如是而已，是亦君、相調劑之法也。

此處將依亮吉所言的先後次序，予以探討洪亮吉的匠心所在：

一、「野無閒田，民無剩力」

「野無閒田」乃是指境內能夠耕種的田地，都能開墾耕種，絕無荒蕪的可耕地，因此謂之「無閒田」。「野無閒田」才能使「地盡其利」，亦就是增加土地資源而擴大人口容力的說法；其次就「民無剩力」而論，從字面上的體會，便是指人人都能「充分就業」。如此一來，則無多餘的精力浪費，也就是人能「各盡其才」。然而在當時的社會乃是以「農業社會」為主，當時清朝的皇帝及大臣們仍然保存著，「一夫不耕，或受之飢；一婦不織，或受之寒」〔註46〕希望所有的勞動力，都回到農業中去。因此洪亮吉希望人人若能在農業方面上各盡其才，不留餘力，全力以赴地努力耕作，開發所有耕地，耕地自然毫無空間，也就是地無遺利，民無遺力。如此一來，農產量必定大增，自然可維持更多人的生計，亦即增加人口容力。這便是亮吉主張「君相調劑法」第一個方法。

二、「彊土之新辟者，移種民以居之」

亮吉在前提出開闢耕地，發展生產，使田野中無荒蕪的土地，百姓無剩閒的勞力，藉此以解決人口暴增的壓力。他不但強調可耕地的地盡其利後，在此進一步還主張開發邊疆，在新墾闢的土地上，移民耕作。林逸先生在其《洪亮吉（北江）及其人口論》中曾明列清代「移墾」的資料〔註47〕，證明清初執政者確實曾注意到田地的開墾，以增民食。

三、「賦稅之繁重者，酌今昔而減之」

國家的收入，概言之，依賴地租與集賦兩項。但這兩項的類別，不一而定，隨時隨地而異。晁錯曾說；「民貧，則姦邪生。貧生於不足，不足生於不農，不農則不地著，不地著則離鄉輕家，民如鳥獸，雖高城深池，嚴法重刑，猶不能禁也。」〔註

〔註46〕見《漢書卷二十四上・食貨志第四》（中華書局出版），頁1128。
〔註47〕同註45，頁34～35。
〔註48〕同註46，頁1131。

48〕）可見貧農自己沒有田地，向地主租佃，地主因而增稅。且這歲賦的負擔，通常會使貧民生計愈形艱困，更加造成人口容力的嚴重不足。有些地方，人民為了逃稅，寧可離開土地，流落他鄉，後果更為嚴重。因此減輕賦稅可以稍蘇民困。清朝政府在康熙、雍正、乾隆各朝，減免賦稅的情形甚多〔註49〕，可見在這一方面，清政府的措施跟亮吉思想不謀而合。

四、「禁其浮靡」

浮是浮華，即是奢侈浮華的風氣；靡是浪費，奢侈過度，變成對財物或天然資源的浪費。且這兩者都是壓縮人口容力的行為〔註50〕。所以亮吉對奢侈的風氣，浪費的習慣，非常痛絕。他指出靡費之道有二：其一是「服食侈靡之習」，也就是穿衣和飲食方面的鋪張浪費。他在〈服食論〉中指出「一人兼百人之衣，一人兼百人之食者」〔註51〕，應該對餓死凍死的人負責任。他憤怒地把那些穿華麗服裝的人斥為「服妖」，罵那些追求珍餚美味的人為「食譜」。其二，「費最甚者，其為神廟及佛寺乎！」〔註52〕他分析了僧徒對耕夫織婦的危害，提出了限制僧徒的辦法。另外還在《意言・喪葬》篇中反對喪葬的浪費。可以得知，洪亮吉反對靡費，是同發展生產相聯繫的。他反對服食方面的靡費是為了敦厚風俗，防止耕夫織婦棄本逐末。他反對寺廟的奢侈和喪葬的鋪張，也都是為了游食無業的人數，保護良田不被侵佔，維護耕夫織婦的利益。唯有將奢侈浮華的惡習杜絕，進而妥善運用生活資源，達到「物盡其用」的目標。且要在珍惜資源、禁其浮靡的環境下，才可維持更多人的生計，重拾創業時期勤儉樸實的風氣。

五、「抑其兼併」

在乾嘉年間，農業既是全國主要產業，也是財富的主要來源。則擁有較多土地者，也就可能積累更多財富。因此一般的財主為了致富，便會積極地購買田地，極易造成所謂富者田連阡陌，貧者地無立錐，即「以多彼及寡，物理苦不平」之理〔註

〔註49〕同註16，頁279。

〔註50〕同註16，頁279。

〔註51〕見洪亮吉，《卷施閣文甲集補遺・服食論》（載刊於洪用懃等編撰，《洪北江（亮吉）先生遺集》（一）），頁63。

〔註52〕見洪亮吉，《卷施閣文甲集補遺・寺廟論》（載刊於洪用懃等編撰，《洪北江（亮吉）先生遺集》（一）），頁632。

〔註53〕見洪亮吉，《更生齋續集・歲暮雜詩》（載刊於洪用懃等編撰，《洪北江（亮吉）先生

53〕。而且兼併足以引起奢侈浪費，所以兼併也就是不可避免的會壓縮社會人口容力，使人口過剩情況更爲嚴重。因此洪亮吉寄望君相「抑其兼併」，也就是制訂法律，設法抑制個人握有過多的生產手段，防止豪強地主、不法官吏、寺院地主的兼併，如此才不會造成富者愈富、貧者愈貧的危機社會。

六、「遇有水旱疾疫，則開倉廩、悉府庫以賑之」

人對於天災（自然災害），不能運用心智予以消除，因此只有接受的事實。然而天災後帶來的災害，雖是無法揣測和預估的，但或多或少都會造成人民身體、心理或財物上的損失，因此在此洪亮吉認爲當政者平日要積蓄財物，遇有天災降臨時，則要立刻「開倉廩、悉府庫」來救賑災民，幫助災民因應世局，度過困苦的時刻。另外，洪亮吉不僅主張開倉濟貧，也倡議士大夫和富商大賈捐貲濟。他自己也曾積極參加捐獻和發放糧銀的活動〔註54〕。熱情歌頌官府和紳商災恤貧的功德。然而賑災貴於適時，政府於賑濟一道，確必具遠識深慮，有計畫、有步驟、腳踏實地去做，成效始見。如果因救濟而荒本業，甚或假救濟而圖利，都足以誤人〔註55〕。因此賑濟切合時宜尤屬重要。

由以上的介紹，我們即可得知洪亮吉「君相調劑法」的實質內容，不外乎是開墾、移民、增產、節儉、禁重稅、抑兼併、普賑濟……等的辦法，試圖減緩人口壓力。然而這些方法眞能解決乾嘉年間人口暴漲的壓力嗎？洪亮吉《意言・治平》中接著說：

> 要之，治平之久，天地不能不生人；而天地之所以養人者，原不過此數也。治平之久，君相亦不能使人不生；而君相之所以爲民計者，亦不過前此數法也。

由天地、君相調劑法的成果觀之：天地雖然可以用「水旱疾疫」的辦法來減少一點人口的數字；君相雖然可以採取開闢新土、減輕賦稅、提倡節儉、抑制兼併、開倉救濟等措施來克服一些人多帶來的困難。但這些辦法只不過是「調劑之法」，只能緩

遺集》（六）），頁 2814。

〔註54〕嘉慶十二年（1807）洪亮吉六二歲：「十一月，府志告成，自寧國返里。時常州天旱，禾苗不成，饑民惶惶。先生發起捐資施賑，自捐三百金以爲倡，餘按城鄉各商賈殷戶勸捐，武進陽湖設局辦事，先生被推總理其事。自十二月至戊辰四月凡捐銀一萬七千九百餘萬兩，穀十萬六千四百餘斤，所賑饑口二十萬四千九百六十餘，其鄉歸鄉辦者不在此數，閭閻稍蘇，鄉人感之。」見林逸著，《洪亮吉（北江）及其人口論》，頁 201。

〔註55〕同註 45，頁 39。

和人口增值快及生活資料增值慢的矛盾，而不能根本上解決人口問題。一方面，治平之久，「天地不能不生人」，人口勢必不斷增加，而天地用來養家活口的資料就這麼多，這麼一來人口問題必定日趨嚴重；另一方面，君相只不過能採取有限的一些調劑之法。何況這些調劑之法，如果未有一個穩定強大的政局支持或當局未有誠心切實實踐等都可能使這些方法不能一一實現而只能付諸流水。關於此點，林逸先生在其《洪亮吉（北江）及其人口論》中有精闢的見解：「政府調劑，期以扶殖人口，但觀開墾田地，歷代以隋著名，移墾，茲事體大，徒托空談。人口增加，糧食不足以供應，究因在此。減稅，從漢代的卅而稅一，早已絕響。歷代賦稅，無不加重人民的負擔，民窮財盡。土地私有，造成土地的兼併，歷代不乏豪族權門是大地主，坐收其利，而農民反而無地可耕，何謂得平。至於放賑，乃苟延殘喘的末計。如做妥當措施，自可解民到懸。北江所以說政府調劑，『如是而已』」〔註56〕。因此我們可知天地、君相調劑法成效不彰。

第五節　人口過多，變亂可慮

　　洪亮吉在治平之世發現乾嘉年間人口暴增的事實後，同時又發現維持人們生計的田屋並未相對提高，致使出現「入不敷出」的短缺現象，而且可使人口減少或減輕人口負荷的天地、君相調劑法又成效不彰，因此面對與日遽增的人口，洪亮吉憂心忡忡，關心人們在此環境中的適應能力。他說：

　　　　於是士農工賈，各減其值以求售；布帛粟米，又各昂其價以出市。《意言・生計》

由於人口激增，再加上當時盛行農業、工商業並未發達、工作機會未大量提高，造成眾多人競爭一職的情形。人們求職困難，所以只好賤價出賣勞力；另一方面，人口暴增，生活必需品求過於供，物價高漲，也就是擁有人民必需品的人往往在此時提高價錢出售。這樣的局勢極易造成「此即終歲勤勤，畢生皇皇，而自好者居然有溝壑之憂，不肖者遂生攘奪之患。」《意言・生計》的現象。人力過剩、就業不易，這將會造成付出和所得不成比例。何以言之？因為勤勞謹慎、孜孜矻矻、潔身自愛地工作，已不再確保其有穩定的工作及合理的收入，甚至還會面臨失業、窮困或窮途潦倒的命運，也就是洪亮吉所謂的「溝壑之憂」；這還是針對有心工作者的情況來敘述，相對地無心工作者又會如何？洪亮吉接著說：

〔註56〕同註45，頁40。

> 然無尚計其勤力有業者耳。何況戶口既十倍於前,則游手好閒者,更
> 數十倍於前。《意言·生計》

又說:

> 一家之中有子弟十人,其不率教者常有一二,又況天下之廣,其遊惰
> 不事者,何能遵上之約束乎?《意言·生計》

這裏洪亮吉是討論無心工作者。首先先由組成社會的基本單位——家庭入手。因為一個家庭中,組成份子往往有生產者和消費者兩大成員,而生產者此時的命運,前已提及,在此不再贅述。然消費者中或是就讀,或是怠惰,或是無心工作,或是不孝不弟⋯⋯等等,這些情形在所難免,他們既不生產,徒事消費,這種人昔日在一個十人家庭中比例就佔有五分之一,更何況今日的戶口已超過昔之十倍,可見遊惰不羈、無事生產的人亦將增加十倍。如此一來,生產者愈少,消費者愈多,人口問題實在堪憂。

社會上除了人口數暴增的問題會造成社會危機外,人口問題往往又因社會其他現象而愈趨嚴重。這裏略舉三種情形予以分析:

一、土地兼併

首先是土地的嚴重兼併,使大批農民流離失所。他說:

> 又況兼併之家,一人據百人之屋,一戶佔百戶之田。何怪乎遭風雨霜
> 露飢寒顛踣而死者之比比乎?《意言·治平》

土地增加的速度遠較人口增加緩慢,再加上豪強兼併的結果,是良田廢置,無力耕作,而農民有力,無地耕種。許多農民由於不堪高額地租和繁重賦役的剝削,大量外逃,使農民人數銳減,農業生產遭到嚴重破壞,遊民數字激增。人民無業無地,生計難保,無怪乎會「遭風雨霜露飢寒顛踣而死」了。

二、吏治腐敗、賦役繁重

乾嘉年間的政局,本文第五章〈《意言》中觀察敏銳的社會觀〉就曾約略介紹,而洪亮吉在《意言·守令》篇也曾慨切地說出今昔守令的差別。

> 往吾未成童,侍大父及父時,見里中有為守令者,戚友慰勉之,必代為之慮曰,此缺繁?此缺簡?此缺號不易治?未聞及其他也。及弱冠之後,未入仕之前,二三十年之中,風俗趨向頓改;見里中有為守令者,戚友慰勉之亦必代為慮曰,此缺出息若干?此缺應酬若干?此缺一歲之可入己者若干?所謂民生吏治者,不復挂之齒矣。

可見由於洪亮吉長時期為幕客,走遍秦、蜀、魯、豫、吳、楚各省,後又居官京師,親眼看到內外大小官僚貪污腐化成風。因此他在《意言·守令》篇便使用今

昔對比，凸顯當時（乾嘉年間）守令貪污的居心。而吏胥方面，《意言‧吏胥》中亦有揭發吏胥的貪污，他說：「入于官者，什之三，其入于吏胥者，已十之五矣。」《意言‧吏胥》而這「暴如虎」之吏胥，一邑多至千人，最少亦一二百人，居然傳子傳孫，成了貪污的世家，「子以傳子，孫以傳孫，其營私舞弊之術益工，則守令閭里之受其累者益不淺。」《意言‧吏胥》且又在《卷施閣文甲集‧征邪教疏》中揭發官逼民反之罪狀。他說：

> 賦外加賦，橫求無藝，忿不思患，欲借起事以避禍。……州縣官……
> 即借邪教之名，把持之，誅求之，不過至於爲賊不止〔註57〕。

由上可知，吏治的貪污，賦役的繁重，都極大地增加了農民的負擔。對此時局，前已提及農民本身即已無力於生計，更何況遭吏治腐敗、賦役繁重的壓力，其情形可想而知。

三、寺廟僧道，佔據大量土地，剝削敲詐農民

洪亮吉認爲宗教迷信的發展，寺院的擴張，將直接增加農民的負擔，激化土地賦稅的矛盾，使農民生計的問題更爲嚴重，他以江南地區爲例，指出「一縣之轄寺廟至千，一府之轄寺廟至萬。寺廟至千，是僧徒道士常十萬人也。」〔註58〕一府的寺廟僧道則常在百萬人以上。這些人不耕而食，不織而衣，賴小民用典衣損食之錢以養之。「東南之患，土狹而人眾，民之無業者已多，而又積此數百萬人，使耕夫織婦奉之如父母，敬之如尊長，罄其家之所有而不惜，俗安得不貧，民安得不困。」〔註59〕可見不是生產者純屬消費者的僧道，生計乃是由一般人民來分擔，然今日僧道人數眾多，人民生計壓力遂愈來愈大，無怪乎洪亮吉會發出「俗安得不困，民安得不貧」的感慨吧！

統而觀之，人類沒有不願生活於安定的社會。唯人類之能處於安定的生活中，必有賴豐衣足食而後可。人之不虞而食，自必有田可種，無業就職，則衣不能暖、食不能飽腹，住不能安其身。食不飽、居不安，則必動搖人的生存根本。且觀乾嘉年間人口暴增，而且在田屋不足以供戶口成長的條件下，人口生計的壓力自然沈重，再加上土地兼併、吏治腐敗、貪污成風、賦役沈重、寺廟僧道，佔據大量土地，剝削敲詐農民……等社會現象的交互影響，遂使人口問題日益重要。然而人人都有求生的欲望，在此環境下，用正當的方法不足以維持生計，於是有的不甘伏櫪，想出不正當的方法而圖生存，惹事生非。社會上於是不肖者成群結隊，造成社會紊亂，

〔註57〕同註21，頁567。
〔註58〕同註52，頁632。
〔註59〕同註52，頁634～635。

盜匪遍布。尤其遭逢天災地變時，這種情形更爲嚴重。洪亮吉目睹時局，故在《意言‧生計》篇中言：

> 何況戶口既十倍于前，則遊手好閒者更數十倍于前。此數十倍之遊手
> 好閒者，遇有水旱疾疫，其不能束手以待斃也明矣。是又甚可慮者也。

因此面對人口問題，最先是「生計維艱」。而「生計維艱」會造成「無業遊民」，無業遊民將會聚集「遊惰不羈」。且在遇「水旱疾疫」等天災後，更易「鋌而走險」而從事不法行爲，於是社會將會更加窮困，盜匪蜂起。所以洪亮吉不得不提出他憂患意識的人口論，而大聲疾呼「此吾所以爲治平之民慮」《意言‧治平》吧！

第六節　洪亮吉人口論的評價

在中國乾隆末期，在世界人口較多的中國，在非常貧瘠的貴州，當時出現了洪亮吉的人口理論，可見是有一定的研究價值。而洪亮吉人口論的激發，乃是目睹時局的憂患意識。他的見解可分爲三大部份：首先是「提出問題」，點明「治平」一久，人口就會猛增的事實；其次是「分析問題」，以實例證明人口的增加，並由此推算出人多之患——民遭飢寒，社會隱藏不安的現象；最後是「作出結論」，強調「治平之民」可慮。至於詳細的內容前面章節皆已介紹，故不再贅述。在此僅就洪亮吉人口論的優、缺點提出討論。

甲、就洪亮吉人口論的優點而言：

一、將人口問題落實到具體實物

由於洪亮吉注重實際以至於劃破了升平治世的畫面；他不但發現人口的成倍增長，而且隨後就考慮到人口與生存息息相關的田屋成長率，因而得知田屋不足以供戶口成長的事實。且「就當時的歷史條件下，其能夠提出人口發展與生產的矛盾，引起人們的注意，並把人們的視線從社會危機的諸多表面看法中，落實到人口與土地生產本身等較深入的問題。進而在客觀上，引導人們從人口和土地的危機中尋找解決問題的方法，而從事於改變生產與土地命運的途徑。」〔註60〕這一思想自然是十分深刻，且值得肯定的。

二、不僅涉及人口問題同時也兼顧其他導致人口壓力的原因

〔註 60〕參見金春峰，〈洪亮吉〉，載刊於《中國古代著名哲學家評傳》續編四（齊魯書社出版，1982 年 9 月第一次印刷），頁 650。

　　洪亮吉的人口論，不僅涉及人口問題，同時也兼顧其他導致人口壓力的原因。首先洪亮吉揭露了當時官場的黑暗腐敗，怒斥以督撫到州縣官吏，「各挾谿壑難滿之欲」，層層貪贓枉法。且認為這是造成人口問題的重要政治因素；其次他還指出當時地主豪紳的土地兼併和嚴重「靡費」的社會風氣，是使人口過剩加劇的社會原因；再次他也認為寺廟和大量寄生的「僧徒道士」的存在，是造成人口過剩壓力的又一不可忽視的因素。杜蒸民的〈洪亮吉和他的《意言》〉一文便針對上述種種，歸結出：「洪亮吉這種把人口問題，與當時的暴政、土地兼併以及世俗迷信等的社會因素聯繫起來研究，也就是把人口的自然增值和人類的社會生存條件聯繫起來研究，可說是人口理論上的一大進步。」〔註61〕

三、特殊的寫作技巧

　　洪亮吉對於人口的問題，是先承認它的事實，然後因勢利導地指出其錯誤所在，這樣使文章顯得平易近人、語重心長，而不是口氣生硬、咄咄逼人。文章縱橫論辯、正反論證、反覆陳說、析理入微、層層深入、使人信服。何況在太平盛世，他向人們敲起警鐘，通過擺事實、講道理闡明「治平」中人口增長的隱患，以期引起君王、臣民的重視，這不僅在當時就是在今天也仍然具有一定的研究價值。所以他的人口論在古今人口學史上是有豐富的文獻價值。

乙、再就洪亮吉人口論的缺點而論：

一、人口數據不夠精確

　　由於洪亮吉處於科學技術水平很低的乾嘉時代，他在考量人口增長與住屋耕地增長之間的關係時，並不是以精確的統計資料為依據，而是以他對社會生活的觀察來推算估計的。如此一來當然缺乏精確的統計來支持他的人口理論。而且他的人口論還存有將「人丁和人口數混為一談」的缺點。這在前面章節已經論述，故在此不再多言。

二、仍未看到造成人口壓力的基本原因

　　洪亮吉離開社會制度孤立地觀察人口發展與生產的矛盾，而不知乾嘉社會中，當代的土地佔有和剝削制度是農民遭受殘酷壓迫剝削，從而使生產不能迅速發展，甚至不斷遭受破壞的根本原因。相反地在他看來，生產不能迅速發展和人口之自然增長一樣，是誰也無法控制的必然過程。雖然他注意到人口過剩的社會因素，並留

〔註61〕參見杜蒸民，〈洪亮吉和他的，《意言》〉（載刊於《安徽史學》第一期，1984），頁49。

意到「君相調劑法」。然而基於他忠君愛國的立場，使他只是一味地希望朝廷重視此問題，尋求解決方案，而不能意識到腐朽沒落的當代政局是不可能真正解決人口過剩的問題〔註62〕，因此洪亮吉人口論仍未看到造成人口壓力的基本原因。

三、未提出有效的解決方案

　　洪亮吉探討解決人口問題的方案時，未曾考慮到社會生產力靠著先進的科學技術，會以日新月異的速度擴大發展，以滿足人口增長與消費水平提高的需要。他的眼光實際上仍然局限在擴大耕地和節儉調劑上，因此看不到出路。「由於中國宗教社會的思想根深蒂固，傳宗接代乃是每一個人最神聖的權力，更是每一個人對家庭不可逃避的義務。故生兒育女的權利與義務，在中國社會中是屬於較高層次，不容侵犯的論題。」〔註63〕致使洪亮吉沒有也不可能預想到隨著人類文明的進步與科學技術的發展，人類可以做到計劃生育及優生優育。他不知曉人類繁殖過程的奧秘，因而面對著日益激增的人口，實際上是深知其害卻又無可奈何、無能為力。以上這些因素導致其人口論不可避免地蒙上一層悲觀的色彩。

　　綜觀上述洪亮吉人口論的優、缺點，其人口論雖不甚精密，但基於重視人口問題是在前修未密、後學轉精的條件下，及考慮他「先天下之憂而憂」憂患意識的精神，洪亮吉的人口論思想仍然有其一定的價值和意義的。

〔註62〕學者們對洪亮吉人口論的共同見解：「認為洪亮吉未發現社會問題主要肇因於清朝封建統治」。

　　（一）余德仁，〈我國早期的人口論學者——洪亮吉〉：「諸如人民遭到顛沛流離，社會出現動亂不安，以及爆發了農民起義事件等等，主要原因不在並不在于人口增殖過快，歸根到底，則是封建制度的暴政統治和殘酷剝削所造成的。」（載刊於《史學月刊》第一期，1981），頁51。

　　（二）侯外盧主編，《中國思想史綱》（下）：「（洪亮吉）不可能認識到封建地主階級對農民的剝削壓迫是造成人民貧困和產生社會危機的真正根源。」（中國青年出版社出版，1991年北京第二次印刷），頁137。

　　（三）倉修良、魏得良主編，《中國歷史文選》（下）：「由於時代和階級的局限，儘管洪亮吉預見了問題的嚴重性，但是他並沒有，事實上也不可能提出解決這個社會問題的辦法來；更為主要的是，他把人民生活的貧困，完全歸之於人口的增長，忽視並掩蓋了封建的剝削制度，這些都是本文，〈生計〉的不足之處。」（山東教育出版社出版，1985年8月第一次印刷），頁1075。

〔註63〕同註16，頁281。

第七章 《意言》中遠見卓識的人生觀

　　一個人的人生觀，也就是他對於人生中各種事物的不同觀點，而這些觀點的造成通常和個人生長環境密切相關。何以言之？因為人隨著年齡的成長及歲月的累積，通常會對人、事、物各方面有不同的觀點和看法，而這種觀點和看法往往取決於個人的修養程度、教育程度、社會背景、生長環境……等多種因素交熾而成，它是經過長時期經驗累積和智慧堆積的。因此這種觀點和看法，通常是個人思想理念的中樞，它隨時會影響個人內在的思考或外在的行為。「人生觀」既然是個人人生體驗的投射，它一方面可引導個人的行為，另一方面也可藉由它了解個人的特色。人生觀既然可代表個人智慧的結晶，那麼思想家的智慧想必是更加可貴。後人往往可藉由他們的作品探側到他們的人生理念，進而了解到聖哲思想家們的思想核心。

第一節　靜體一日，得知一生

　　人生在世，不過數十寒載。每人自呱呱落地後便開始體會人生。人生旅程，人人雖皆有。但是人生舞臺，個人的角色卻不容取代。何以言之？這是因為人人在人生舞臺上扮演的角色不盡相同，各有各的命運和際遇。且由於人人皆希望自己的角色能成功，便急切盼望能預知未來以便能從容不迫因應時局。這種情形致使人人都有一窺人生全程的心態，熱切期望能預知自己未來的命運。洪亮吉了解人們的心理，對此他提出一個快速便捷的方法。他說：

　　　　生～百年少，吾欲驗百年之境，于一日內驗之而已。《意言・百年》

洪亮吉在此認為欲知百年人生，只要細細體會一日之際遇即可。他以為人的一生將可歸納為孩提、弱冠、壯盛、衰莫四大階段，以下我們便以此四階段為標目，分別論述洪亮吉的觀點。

一、孩提時期：發念皆善、生機滿前

《意言・百年》篇言：

> 雞初鳴，人初醒時，孩提之時也。發念皆善，生機滿前，覺吾所欲爲
> 之善，若不及待。

黎明破曉、公雞鳴啼，新的一天遂又降臨。且人經過夜晚的休息後，精神復甦，此時面對新的開始，呼吸新的氣息，猶如重生。而且洪亮吉認爲此時因未接觸社會這個大染缸，所以心中的善念仍然充熾心中，這種思想近似孟子的「人性本善論」。且說人此刻善念滿盈，面對一切，當然是充滿好奇和希望，懷抱著躍躍欲試的衝動。這種情形好比人生孩提幼童期，是一個試驗、幻想與探索的階段。

二、弱冠時期：精力旺盛、百事踴躍

洪亮吉《意言・百年》篇中述：

> 披衣而起者，日既出，人既起時，猶弱冠之時也。沈憂者至此時而稍
> 釋，結念不解者至此時而稍紓，耕田者入田，讀書者入塾，商賈相與整飭
> 百物，估量諸價，凡諸作爲，百事踴躍，即久病者較量夜間，亦覺稍減。

黎明初醒，倍覺充滿希望、生氣蓬勃，自然更衣起床，整裝待發。此刻旭日又已東升，人們紛紛走出房門，士農工商，各行各業，各司其職，各盡其責。這正如同弱冠的成年期，具有自我認同感和自信心，往往能肯定自己，故對任何事都會積極參與、百事踴躍。且在此時由於個人的體力充沛、精力旺盛，憂慮或心結的人，至此時也都會稍較紓釋。甚至久病纏身者也都因此刻的活力朝氣而較安適。這正是人生弱冠成年期帶來的效果。

三、壯盛時期：剛強好勝、事業有成

《意言・百年》篇中述：

> 日之方中，飢者畢食，出門入門，事皆振作，蓋壯盛之時也。夫精神
> 者，人之先天也；飲食者，人之後天也。日將午，正陰陽交嬗之時，則先
> 天之精神，有不能不藉後天之飲食以接濟者矣。

從孩提到弱冠時期再到壯盛時期，即從躍躍欲試的衝動階段到百事踴躍的勤奮階段、再到事業有成的成功階段。人至此時，精力已不似日出時來的充沛，相反地會有所消耗。人的體力既然有所消耗，自然要加以補充。洪亮吉在此認爲「精神者，人之先天也；飲食者，人之後天也。」《意言・百年》因此，人屆此時必須依賴飲水和進食來維持體力，這是後天環境可以付諸實踐的。且說飢者畢食、體力恢復後，自然事事振作，居於各自崗位繼續奮鬥，這便是人生成熟的壯盛期。這也是洪亮吉言「一生之事

業，定于壯盛之時；一日之作爲，定于日午之後」《意言・百年》的階段。

四、衰莫時期：氣弱力衰、日薄西山

洪亮吉認爲一生的最後時期，便是「衰莫」階段。且「雖有人起于衰莫，事成于日昃者，然不過百中之一，不可以爲例也。」《意言・百年》因此衰莫時期，既無法鴻圖大展、功成名就，那麼它的特色又爲何？且觀亮吉所言：

> 至未申以後，則一日之緒餘；猶人五十、六十以後，則一生之緒餘。
> 力強者至此而衰，心勤者至此時而懈，房帷之中，晏晏寢息，是衰莫之時
> 也。《意言・百年》

原來衰莫時期，猶如一日的未（下午一時至下午三時）、申（下午三時至下午五時）階段，也就是人由壯年時期邁入老年的階段。人屆此時，體力自然不復壯年，即洪亮吉所說：「力強者至此而衰，心勤者至此而懈。」《意言・百年》人大部份皆在室內活動或休息。正因精力不似從前，因此處事的態度也會隨年齡增長而改變。「于是勇往直前者，至此而計成敗；徑直不顧者，致此而慮前後；沈憂者至此時而益結；病危者至此時較增。」《意言・百年》無論何種人，至此時都會觀前顧後，不再是年少輕狂、輕舉妄動的急燥小子。這樣的心情和日出孩提時好奇探索的情形相比，真是「視日出之時，判然如兩人矣。」《意言・百年》

由以上的論述可知，洪亮吉將一日之境比擬成人生孩提、弱冠、壯盛、衰莫四大階段。人們隨著時間的轉變，成長的階段也會隨之轉移。從黎明的生機滿前、發念皆善開始，到日出的精力旺盛，百事踴躍，又到剛強好勝、事業有成的正午，最後才到氣弱力衰、日薄西山的午後。一天的流轉，好比一生的歷程。然而日出之時和午後或日落之時，差距爲何如此懸殊？洪亮吉於是接著探討。他說：

> 先天爲陽，陽則善念多，故有人鬱大忿于胸，匿甚怨于內，至越宿而
> 起而忿覺少平，怨覺少釋，甚或有因是而永遠解釋者，非忿之果能平，怨
> 之果能釋，則平旦以後之善念有以勝之也。是陽勝陰也。至後天爲陰，陰
> 則惡念生，好勇鬥狠之風，往往起于酒食醉飽之後，亦猶聖人所云：「壯
> 之時，血氣方剛，戒之在鬥。」正此時也，是陰勝陽也。《意言・百年》

這裏洪亮吉利用先天後天、陽善陰惡之說釋之。人通常可在夜宿休寐之時涵養體力、沈靜心靈。人在思考休息後，反躬自省，往往可增善念。善念既生，自然可克制忿覺或怨覺之類的塵埃，是陽勝陰也。反之，人若受後天的影響，即陰勝陽則惡念生。特別是在酒食醉飽之後，往往會有好勇鬥狠之念交熾胸中，這正如孔子所說的君子

三戒之一的「及其壯也，血氣方剛，戒之在鬥。」〔註1〕此時的惡念，若付諸行動，則易造成衝突而有所危害，這是君子所引以為戒的。且觀此時心態，正是陰勝陽造成的結果。洪亮吉藉由這種把善惡歸之於不可捉摸的先天後天的陰陽之氣，解釋了一人日出和衰莫時期，判若兩人之因。故他謂：「非一人之能判然為兩，則一日之陰陽昏旦有以使之然也。」《意言‧百年》

由上述種種，統而觀之，洪亮吉《意言‧百年》篇消極的終旨，不過是以一日之境來譬喻人生百年之境也。然而積極的目標則是希望人人「能靜體一日之境，則百年之境，亦不過如是矣。」《意言‧百年》一言以蔽之，則是「靜體一日，得知一生」的精義了。

另外，陳柱先生〈洪北江之哲學〉中對《意言‧百年》篇也有特別的體會。他說「蓋將一日之處境，以喻一生之處境也。其最注意者，為弱冠及壯盛之時，『所謂凡諸作為，百事踴躍』、『出門入門、事皆振作』者也。則其人生觀蓋主張發奮有為可知。蓋人必弱冠及壯盛時期，乃可發奮有為，過此以往，則易衰弱，而不能振作矣。」〔註2〕可見洪亮吉無疑是主張發奮有為的積極人生觀，其靜體一日，正表示他珍惜每一天；又每天可比擬成百年人生，如此說來，洪亮吉的意識中就有「把握每天，便可把握人生」的人生觀，由此也可得知其人生觀是奮發有為的積極人生觀。

第二節　反對「柔之道遠勝剛」之說

「靜體一日，得知一生」獲知人生各階段的概況後，然人生要以什麼態度或原則來面對？洪亮於是繼續探討。首先他以世間傳說為焦點引入主題。他說：

世傳老子見舌而知守柔，而以為柔之道遠勝剛，非也。《意言‧剛柔》
在此洪亮吉對於「柔之道遠勝剛」的傳說，提出反對的意見。其持論為何？《意言‧剛柔》篇接著說：

老子之言曰：「齒堅剛則先弊焉，舌柔是以存。」不知一人之身，骨幹最剛，肉與舌其柔者也。人而委化，則肉與舌先消釋而後及齒與骨。是則齒與骨在之時，而舌與肉已不存矣。老子存亡先後之說，非臨沒時之謬

〔註1〕孔子曰：「君子有三戒：少之時，血氣未定，戒之在色；及其壯也，血氣方剛，戒之在鬥；及其老也，血氣既衰，戒之在得。」見《論語‧季氏第十六》，此據《十三經注疏》本，藝文印書館出版（下引，《十三經注疏》版本並同）。

〔註2〕見陳柱，〈洪北江之哲學〉（載刊於《東方雜誌》二十四卷第九期，1927年5月），頁44。

論乎？《意言‧剛柔》

針對「齒堅剛先弊，舌柔是以存」的說法，洪亮吉提出駁辯，並以事物本質的柔硬度來剖析。他首先是以人類為例，說明人體結構不外是骨幹和肉體兩大部份（骨幹支撐肉體，肉體豐潤骨幹，兩相扶持，構成人形。）然而當人類死亡，屍體腐化，必定是肉體先然後才是骨幹。這就是亮吉所謂的「是則齒與骨在之時，而舌與肉已不存矣。」如此說來，「剛弊柔存」當然是謬論之說，無怪乎亮吉發出「老子存亡先後之說，非臨沒時之謬論乎？」的慨嘆了。然而亮吉駁斥「柔之道遠勝剛」之說，不僅是舉一例說明，他又從山水、根葉、三才三方面來舉證以便闡述其理。他說：

> 以天地之大言之，山剛而水柔，未聞山之剛先水而消滅也。《意言‧剛柔》

又說：

> 以物之一體言之，則枝葉柔而本剛，未聞本之先枝葉搖落也。《意言‧剛柔》

又說：

> 天不剛，無以制星辰日月；地不剛，無以制五嶽四瀆；人不剛，無以制百骸四體。《意言‧剛柔》

由以上敘述統而觀之，無疑是再次強調「柔之道遠勝剛」的訛誤，並且以構成萬物的天地人論及「剛」的作用性和必要性。由此觀之，洪亮吉個人必然是重視「剛」之道。然而，推崇「剛」者，並非唯獨洪亮吉一人，亮吉在此便以古聖先賢的遺訓為例，闡述「剛」的重要性。《意言‧剛柔》篇中說：

> 孔子曰：「吾未見剛者。」又曰：「剛毅木訥，近仁。」孟子曰：「其為氣也，至大至剛。」

此處舉出孔子、孟子的言論佐證，都是彰顯「剛」德的可貴。既然「剛之德可貴如此」《意言‧剛柔》，那麼相對地「守柔之說何為乎？」《意言‧剛柔》洪亮吉於是繼續探討：

> 日有剛有柔，未聞人以剛日出則凶，柔日出則吉也。人之性有剛有柔，未聞剛者常得凶，而柔者常得吉也。《意言‧剛柔》

洪亮吉在此舉出日和人之性本有「剛柔之分」，但卻未見「柔吉剛凶」的事實。可見「剛」者並不是「凶惡」之象徵。更何況「守柔者」也並非是常善或常吉的表徵。他說：

> 語有之：「籧篨之人口柔，戚施之人面柔，夸毗之人體柔。」使柔而得吉，則籧篨、戚施之人攸往咸宜矣，而不然也。《意言‧剛柔》

簾籭之人〔註3〕因爲要視人顏色、不能俯首，故其是口柔巧言之人；夸毗之人〔註4〕因爲要卑屈諂媚、比附他人，故其是體柔之人也；戚施之人〔註5〕因爲諂諛獻媚，故其是面柔之人。以上三種人都兼具「柔」的一面，然而洪亮吉卻不苟同其行徑，不認爲這樣的處事態度即能攻無不克、無往不利。由此可見「柔」者並不一定是好、善、或吉的保證，而「柔之道遠勝剛」之說更非定論。然而爲何會有「柔之道遠勝剛」的傳說流傳，洪亮吉於是做一歷史考察。他說：

> 《說苑》云：「韓平子問叔向曰：『剛與軟，孰堅？』對曰：『臣年八十，齒再墮而舌尚存。』」若以時論之，叔向尚在老子之前，必不反引老子之說以爲說明矣。《意言・剛柔》

原來「柔之道遠勝剛」之說語出劉向《說苑》。《說苑・敬愼》篇曰：

> 常摐有疾，老子往問焉，曰：「先生疾甚矣，無遺教可以語諸弟子者乎？」常摐曰：「子雖不問，吾將語子。」……張其口而示老子曰：「吾舌存乎？」老子曰：「然！」「吾齒存乎？」老子曰：「亡！」常摐曰：「子知之乎？」老子曰：「夫舌之存也，豈非以其柔耶？齒之亡也，豈非以其剛耶？」常摐曰：「嘻！是已。天下之事已盡矣，何以復語子哉！」〔註6〕

又曰：

> 韓平子問于叔向曰：「剛與柔孰堅？」對曰：「臣年八十矣，齒再墮而舌尚存。」老聃有言曰：「天下之至柔，馳騁乎天下之至堅。」又曰：「人之生也柔弱，其死也剛強；萬物草木之生也柔脆，其死也枯槁。因此觀之，柔弱者生之徒也，剛強者死之徒也。」夫生者毀而必復，死者破而愈亡，吾是以知柔之堅于剛也〔註7〕。

洪亮吉認爲上述兩段話依說話人物的年代早晚，便可發現其缺失可疑之處。因爲叔向是春秋晉國時的大夫〔註8〕，其年代尤較老子爲早，自然不會反引老子之說，可

〔註3〕簾籭：喻觀人顏色而爲辭的人，因爲要視人顏色，不能俯首，即柔口巧言之人。《爾雅・釋訓》：「簾籭，口柔也。」注「簾籭之疾不能俯，口柔之視人顏色常亦不伏，因以名云。」

〔註4〕夸毗：卑屈諂媚、比附他人。《詩・大雅・板》：「天之方懠，無爲夸毗。」傳：「夸毗，體柔人也。」集傳：「小人之於人，不以大言夸之，以諛言毗之也。」《後漢書・崔駰傳》：「君子非不欲仕也，恥夸毗以求舉。」

〔註5〕戚施：比喻諂諛獻媚的人。《爾雅・釋訓》：「戚施，面柔也。」陸德明釋文：「舍人曰：『令色誘人。』李曰：『和顏悅色以誘人，是謂面柔也。』」

〔註6〕見劉向，《說苑卷十・敬愼》，此據台北中華書局，《四部備要》本。

〔註7〕同註6，頁422～423。

〔註8〕叔向：姓羊舌，名肸，字叔向。后以字爲姓，春秋晉國羊舌大夫之后，晉平公時爲

見《說苑‧敬慎》篇中所述乃為「道家者流，竊其說以欺世，又託之于老子，並託之于商容，皆不足信者也。」《意言‧剛柔》洪亮吉認為「柔之道遠勝剛」之傳說，乃是道家有心人士比附杜撰耳。他們並將此言論託付老子或商容〔註9〕之口說出，來增強自己的立論，這便是亮吉所說「蓋道家者流，託為老子之言，以自售其脂韋觀忝之術耳。」《意言‧剛柔》故此種言論當然是「皆不足信者也。」《意言‧剛柔》

由上述種種觀之，我們可明顯地看出洪亮吉秉性剛正、喜剛厭柔的個人特質，而《意言‧剛柔》篇篇末洪亮吉也自述「若必曰柔可勝剛。則吾寧為龍泉太阿而折，必不為游藤引蔓以長存者矣。」《意言‧剛柔》這些都再次證明其具有「秉性剛正」的個人特色，可見這種秉性的形成，乃是經過長時期的薰陶磨練，正可用「冰凍三尺，非一日之寒」來形容。然而洪亮吉「守剛厭柔」的個人特質雖是無庸置疑的，但是他卻因個人的人格個性來反對《說苑》中「柔之道遠勝剛」之說，進一步更反對老子有「柔弱勝剛強」之見解，這便是有待商議的地方。因為眾所皆知老子的「柔弱勝剛強」之中的「柔弱」是一種處事取勝的方式，非亮吉認為的「物質硬度」。且老子柔弱之意，非柔弱就遭人欺，而是柔弱才能「勝」剛強。不但如此，老子仍強調「不爭」，也就是內心雖剛強，外表卻柔弱而不與人爭。因為暫時的忍辱可以防對方的不義，使矛盾更暴露，同時亦能取得眾多人的支持，這就是雄與雌、剛與柔、榮譽與羞辱的權變制勝、相互轉換之理。所以說洪亮吉本人具有剛毅正直、喜剛厭柔的個性當然是無可厚非，然而他卻不能借反對劉向《說苑》中的說法，就將老子「柔弱勝剛強」之理推翻。由此可見，此點是他人生觀中的偏失之處。

第三節　率真須由知識來充實、禮節來修飾

洪亮吉的人生觀，在討論「靜體一日，得知一生」及反對「柔之道遠勝剛」之後，接著他便開始探討世間真偽，孰是孰非、何去何從的問題，《意言‧真偽》篇中言：

　　今世之取人者，莫不喜人之真，厭人之偽，則偽不可為也。

在此洪亮吉藉由時代風氣的導向予以說明。乾嘉年間社會上普遍存有「尚真黜假」的時代風氣，從皇帝開始，都在標榜說真話、寫真詩，明人強調真性情之說，致此

大夫。

〔註9〕「常撝遺教」之事又見《淮南子卷十‧繆稱訓》、《慎子‧外篇》、《高士傳》等，「常撝」均作「商容」。商容與老子的時代相隔太遠，《校證》認為「商容」是「主商禮之官」，並不是專名。見王英、王天海譯注，《說苑全譯（貴州：人民出版社出版，1992年7月第一次印刷），頁422。

仍頗有影響。流風所及，士風披靡。在思想界，出現了戴震的人性論與理欲說；在文學界，出現了《紅樓夢》等人情小說及袁枚等人的「性靈詩派」；在繪畫界，出現了信筆揮灑、重在寫意、不拘成法的「揚州八怪」；在戲劇界，出現了強調「設身處地」地表現劇中人真性情的戲劇理論（如李漁《閒情偶寄》、傑出的《長生殿》與《桃花扇》傳奇），在妥善解決歷史真實與藝術真實的關係方面，也取得了很高的成就。凡此種種，皆表明著清前期尚真黜假的風氣愈來愈盛，以至深入人心，影響極廣〔註10〕。然而一味地真偽二分、崇真黜假，是否為一定的通則？洪亮吉在此予以討論。他說：

> 偽不可為也，而亦不然。襁褓之時，知有母而不知有父，然不可謂非襁褓時之真性也。孩提之時，知飲食而不知禮讓，然不可謂非孩提時之真性也。《意言·真偽》

亮吉在此以人生實例舉證說明。眾所皆知，人皆由嬰兒及幼童時期成長茁壯，然人處於嬰幼兒時期，由於接觸層面的局限，往往將所知所聞直接反應，遂有「知其母不知有父」「知飲食而不知禮讓」的情形產生。所以這時的「真實表達」，只能說是不知詳情的立即反應而已，非人之真性也。這種情形，隨著人的成長歲月，往往會有所改變。洪亮吉繼續探討，《意言·真偽》篇中言：

> 至有知識而後知家人有嚴君之義焉，其奉父也，有當重于母者矣。飲食之道，有三揖百拜之儀焉，酒清而不飲，肉乾而不食，有非可徑情直行者矣。《意言·真偽》

對於人的改變，知識的啓蒙通常是佔有重要地位。人們接觸面會隨年齡成長而增廣，故漸漸會恪守一些繁文縟節。例如飲食、飲酒之道都有個別的規範。因此人們表現出來的舉止，不再是立即反應而是經過思考後判斷而發的。所以將此知識啓蒙時期和嬰幼兒時期性情相比，若有人問「將為孩提襁褓之時真乎？抑有知識之時真乎。」《意言·真偽》想必人人必定會不約而同地回答：孩提襁褓時較真。那麼這樣看來，必定可得下面的結論：

> 孩提襁褓之時雖真，然若其無知識矣。是則無知識之時真，而有知識之時偽也。《意言·真偽》

對於這種知識導偽的觀念，近似荀子所謂的「化性起偽」說。《荀子·儒效》篇曾言：

> 性也者，吾所不能為也，然而可化也〔註11〕。

〔註10〕參見嚴明，《洪亮吉評傳》（台北：文津出版社出版，1993 年 2 月初版），頁 193。

〔註11〕見《荀子卷四·儒效篇第八》，此據王先謙，《荀子集解》，載刊於國學整理社原輯，《諸子集成》（北京：中華書局出版，1954 年 12 月第一版（下引，《諸子集成》版本

荀子認爲性，是「天之就也」，是生而具有的，故說「吾所不能爲也」，不是後天的人爲造成的。但是，荀子卻認爲人性「可化」，是可以改造的。而且改造的原則是建立在人性平等的基礎上，即所謂「凡人之性者，堯、舜之與桀、跖，其性一也；君子之與小人，其性一也。」〔註12〕故可知聖君與暴君或盜首，君子與小人的自然本性都是一樣的。然而何以有堯舜、桀跖之分，或君子、小人之別，主要是其對人性改造程度上的不同，徹底不徹底的結果。那一般人如何「化性」呢？《荀子‧性惡》篇便曾提出具體方法。

　　　今之人，化師法，積文學，道禮義者爲君子〔註13〕。

又說：

　　　　聖人化性而起僞，僞起而生禮義，禮義生而制法度。然則禮義法度者，
　　　是聖人之所生也〔註14〕。

由上述明顯可知荀子認爲「化性」是要靠禮義的引導和法度的約束。也就是言聖人深思積慮，熟悉社會事理，改造人性中惡的一面，興起人爲，才產生出「禮義」，制定「法度」。對於這種「聖人化性起僞」的觀點，洪亮吉一語道出聖人的用心。他說：

　　　吾以爲聖人設禮，雖不導人之僞，實亦禁人之率眞。《意言‧眞僞》

洪亮吉在此探討「聖人設禮」的基本用意，無疑是化人之性。然而化人之性的同時，由於人接觸面較廣，人們往往會多方思考而漸離率眞，進而趨向「僞」。故可知聖人設禮的直接目的是在化性，而非導僞，人之所以趨僞乃是聖人設禮的自然趨勢。且說「聖人設禮」主要的目的爲「化性」，而「化性」的定義涵蓋很廣。洪亮吉在此特別闡揚「禁人之率眞」此一層面。他何以有這樣的見解？《意言‧眞僞》篇接著闡述：

　　　　何則？上古之時，臥倨倨，興盱盱，一自以爲馬，一自以爲牛，其行
　　　蹎蹎，其視瞑瞑，可謂眞矣。而聖人必制爲尊卑、上下、寢興、坐作，委
　　　曲煩重之禮以苦之，則是眞亦有所不可行，必參之以僞，而後可也。

洪亮吉在此採用《莊子‧應帝王》中的典故，舉例說明：

　　　　齧缺問於王倪，四問而四不知。齧缺因躍而大喜，行以告蒲衣子。蒲
　　　衣子曰：「而乃今知之乎？有虞氏不及泰氏。有虞氏，其猶藏仁以要人；
　　　亦得人矣，而未始出於非人。泰氏，其臥徐徐，其覺于于；一以己爲馬，

　　並同))。
〔註12〕見《荀子卷十七‧性惡篇第二十三》，此據王先謙，《荀子集解》、《諸子集成》本。
〔註13〕同註12。
〔註14〕同註12。

一以己爲牛；其知情信，其德甚眞，而未始入於非人。」〔註15〕

此處借寓言人物蒲衣子道出理想的治者：泰氏睡時安閒舒緩，醒時逍遙自適；任人把自己稱爲馬或牛；他的知見信實，他的德行眞實，而從來不受外物的牽累。這樣從容不迫、自然不矯作的言行舉止，可謂是眞實一面的坦然表露。如此的行爲，可謂眞矣。然而世俗的教化，眞的任由個人任情使性、絕去物累嗎？世俗風尙如何？洪亮吉《意言・眞僞》篇繼續探討。他認爲聖哲賢人往往會依上下、尊卑、應對進退……等的原則，制定不同的禮節以規範人的行爲。顯而易見，聖人指導凡人的行爲，並不贊成人的適性任情，而是強調禮儀規範，強調禮樂教化。如此一來，人當然無法直接表達自己的心態，而漸趨僞矣。洪亮吉在此又舉《儀禮》和《戰國策》中的眞實禮儀，予以舉證說明：

> 士相見之禮，當見矣，而必一請再請，至固以請，乃克見！士昏之禮，當醴從者矣，亦必一請再請，至固以請，乃克就席！鄕射禮，知不能射矣，而必託辭以疾；以至聘禮不辱命，而自以爲辱；朝會之禮無死罪，而必自稱死罪，非皆禁人之率眞乎？《意言・眞僞》

洪亮吉在此舉出士相見之禮、士昏之禮、鄕射禮、聘禮、朝會之禮……等五種禮儀，略述「一請再請」、「託辭以疾」、或「自稱死罪」等的謙讓之辭，說明人類日常生活行事規範仍必須有禮節來修飾，無怪乎亮吉會有「非皆禁人之率眞乎？」之語了。

另外，《意言・眞僞》篇又說：

> 戰國策衛人迎新婦。婦上車，問：「驂馬，誰馬也？」御曰：「借之。」新婦謂僕曰：「拊驂，無笞服。」車至門，扶教送母。曰：「滅灶，將失火。」入室見臼，曰：「徙之牖下，妨往來者。」主人笑之。

這裏洪亮吉引用《戰國策》〈衛策・衛人迎新婦〉的風趣小故事〔註16〕。描述新嫁娘說一些話，句句是對的，但卻遭夫家人的譏笑。因爲按照舊俗，新婦初嫁是不宜多開口的，才得以顯示出莊重的「婦德」。然而新嫁娘既入夫家，時時關心家事以致提出一些中肯的意見，乃不失當家作主的負責精神。但這種態度，卻不爲世人接受。由此可見，講眞話卻遭人排斥，適得其反也。洪亮吉於是道出「新婦之言，新婦之率眞也。以眞者爲可笑，無怪乎人之日趨于僞矣。」（《意言・眞僞》）

經由上述種種，統而觀之，洪亮吉乃是針對當時一味崇眞黜僞的風氣提出自己的看法。他舉出聖人設禮教化的事實。「上古之時眞，聖人不欲過于率眞，而必制爲

〔註15〕見《莊子內篇・應帝王第七》，此據王先謙《莊子集解》、《諸子集成》本。

〔註16〕見〈衛策・衛人迎新婦〉，載刊於繆文遠，《戰國策新校注》（四川巴蜀書社出版，1987年9月第一次印刷）。

委曲繁重之禮以苦之；孩提襁褓之時真，聖人又以為真不可以徑行，而必多方誘掖獎勸以挽之。」《意言‧真偽》如此說來，聖人教化無疑是禁人之率真，因此「禮教既興之後，知識漸啓之時，固已真偽參半矣。」（《意言‧真偽》）所以當人的率真由知識來充實，禮節來修飾的同時，人的表現必定是真偽參半其中了。洪亮吉認為事實既是真偽參半，那麼世人用真偽二分、崇真黜假評斷事物是否正確無誤？洪亮吉認為不然，故其道出人應「鰓鰓焉以真偽律人，是又有所不可行也。」《意言‧真偽》留給世人一個值得深思的思考空間。

第四節　名無法取代，唯有務實最真

我們既知「人的率真需由知識來充實、禮節來修飾」後，隨著人年齡的成長，人的思想漸趨成熟，便會對個人生涯有所期望，進而有所謂的人生目標。而人生目標人皆有之，且眾所皆知人類最企望的人生目標莫過於「求名」。何以言之？洪亮吉《意言‧好名》篇曾述說：

> 聖賢能不好名乎？孝經曰：「揚名于後世。」論語曰：「君子疾沒世，而名不稱焉。」是聖賢不能忘名也。崔杼之惡至弒君，而憂其名之傳。賈充之惡至戕主，而憂其謚之著。是大姦大慝仍不能忘名也。

洪亮吉在此藉由《孝經‧開宗明義第一》所謂「立身、行道、揚名於後世、以顯父母。」〔註17〕的孝道訓示及《論語‧衛靈公第十五》中：「君子疾沒世而名不稱焉。」〔註18〕勸人修德的警句，來述說聖人們好名重名的理念；另外，反觀十惡不赦之人，諸如弒君的崔杼〔註19〕及戕主的賈充〔註20〕，他們雖有不正當惡劣的行為，然而他們仍為自己的聲名和謚號擔憂。由此可見上至聖賢，下至惡人皆好名重名，不放棄追求好名的機會。更何況一般人，往往一談起名聲，無不眉飛色舞，忻羨之情，溢於言表，因此好名既然是不可改變的趨向，它對人類社會是否有益處？洪亮吉繼續探討：

> 名不可好乎？曰：「好名之弊，亦尚足以扶世。何則人而能好名，類

〔註17〕見《孝經‧開宗明義章第一》，此據《十三經注疏》本。
〔註18〕見《論語‧衛靈公第十五》，此據《十三經注疏》本。
〔註19〕崔杼：春秋，齊大夫。棠公死，杼往弔，見堂姜美，遂取之。莊公通焉，杼弒公，立景公，己為相。太史書曰：「崔杼弒其書，杼殺太史，太史之弟嗣書而死者二人，慶封來攻，杼自縊，謚武子。
〔註20〕賈充：晉襄陵人。字公閭。初仕魏，官廷尉，武帝受禪，有佐命功，遷司空、侍中、尚書令。專以諂媚取容，以女南風為齊王妃，武帝議伐吳，昭為大都督，充懼大功不成，諫阻，不聽，及出兵，果滅吳而還，慚懼請罪，罷節鉞，謚武。

> 皆聰穎拔萃之人也？聰穎拔萃之人，有賞之不能勸，罰之不能懲。而名之
> 一字，及足以拘之者矣。」《意言・好名》

名之一字，看似簡單，其實功效奇大。何以言之？因爲制度、法令或許可約束一般
人的行爲，然而聰穎拔萃之人往往不受其限制。但是他們基於自身的榮譽，卻會被
「名」一字所拘束。由此可見「名」的重要性。「好名重名」既然是社會風尚，那麼
「名」的定位爲何？「名」可假乎？《意言・好名》篇中詳加探討：

> 名亦可假乎？曰：「不能也。」有聖賢之名，有忠孝之名。聖之名而
> 可假，則莊周、列御寇之徒假之矣。賢之名而可假，則郭解、樓緩之徒假
> 之矣。忠孝之名而可假，則王莽、趙宣之徒假之矣。

「名」之一字，是否可以假借的問題，洪亮吉亦認爲舉凡古今中外，留名青史的聖
賢豪傑是由於他們有優良的事蹟。他說：

> 有聖賢之實者，自有聖賢之名，而莊周、列御寇之徒，不能假也。有
> 忠孝之實者，自有忠孝之名，而王莽、趙宣之倫不能假也。《意言・好名》

不但聖賢忠孝之名，才士詩文之名也是如此。他說：

> 文有文之精神，詩有詩的精神。精神能永百年者，則傳至百年焉。精
> 神能永之十世、五世者，則傳之十世、五世焉。精神能歷劫不磨者，則傳
> 之歷劫不磨焉。皆非己所能預也。己尚不能預，而何可以假乎？《意言・
> 好名》

又說：

> 有文士之實者，自有文士之名，而傳百年傳十世五世及歷劫不磨，亦
> 纖屑不能假也。《意言・好名》

由上面洪亮吉的述說，便可明顯地看出亮吉認爲上從聖賢之名或忠孝之名，下至詩
文之名，名不可假借的關鍵在於「徵實」。這就涉及了「名實」的問題，要知「名者，
實之賓也。」〔註21〕也就是說名實（聲名和事實）之間，實總是首要的，聲名本身
只是事物實體存在的附屬物，只要追求務實，名當自隨，即所謂實至則名歸。因此
人生在世自然應該知名實，應該懂得名實之間的關係。洪亮吉目睹時人「好名」之
風，於是鞭辟入裏地道出：

> 吾欲救天下好名之弊，亦惟使之名務實而已。《意言・好名》

這無疑是想點醒世人，名可好而不能假。人的聲名不過是一個人實體存在的附屬物。
有實才能有名，由實得名，那名才是該得之名，實乃名之根本。假如有名無實，或

〔註21〕見《莊子內篇・逍遙遊第一》，此據王先謙，《莊子集解》、《諸子集成》本。

者盛名之下，名實不符，那名也只是不眞實的虛名罷了。所以人應該循名責實、以實求名，隨時反躬自省、腳踏實地，只問耕耘、不問收穫，以務實的態度自我勉勵，才能眞正表裏如一，成爲一個坦蕩蕩的謙謙君子。而且，洪亮吉目睹當時「文人相輕」的時代風尙，思緒翻騰，遂又在《意言》二十篇中專立〈文采〉篇來述發其追求「三不朽」的務實理想。《意言・文采》說：

> 爲人計者，願立德、立功、立言以致不朽乎？抑僅願以文采表現乎？

因此，我們不難發現，洪亮吉有其「追求三不朽，而非求文采表現」的人生觀，再次印證其「務實」的信念和決心。

第五節　破除人們對於死亡之恐懼

人生在世，除了尋求生活之外，共同關心且擔憂的問題還有一個，那就是「死」的問題。然而基於人執著於「我」的存在、不知死後情景、懼怕死後受罪、不忍死後肉體腐爛慘狀、或留戀在世的親屬等諸多原因，人們往往會有怕死的心理。總會把「死」視爲「生」的對立物，是人幸福生活的毀滅，是從喧囂熱鬧的塵世墮入永恆靜寂的孤獨狀態，是從能感知體驗的世界轉入那無法把握的可怕地獄之中。因此，「死」的存在最易導致人們走向非理性的迷狂，而成爲宗教及世俗迷信產生的最佳媒體。於是人人就在這種積極求生存的願望，卻不得不面臨死亡威脅的壓力下，往往更懼怕死亡的到來。故古今中外的哲學家、思想家和宗教家都探討這一課題，企圖尋找出滿意的答案，以擺脫死亡給人類帶來的痛苦。因而在哲學史上形成了各種類型的生死觀，成爲了人生觀的重要內容之一。洪亮吉對此也不例外，有其個人特殊的見解。

《意言・生死》篇中直接以「生死」二字爲主題，便可見亮吉關心的焦點是將「生」「死」二事等量齊觀。他說：

> 生者以生爲樂，安知死者不又以死爲樂？然未屆其時不知也。《意言・生死》

又說：

> 生之時而言死，則若有重憂矣；則安知死之時而言生，不又若有重憂乎？《意言・生死》

再說：

> 生之時而貪生，知死之後當悔也。死之時而貪死，知生之後又當悔也。《意言・生死》

這裏洪亮吉採用三組話語，重複述說其對生死的看法。因爲生死是對等的兩件事，且由於人之生和人之死兩者無法並知，因此洪亮吉以問題的形式揭露人怎可斷定人之死時面臨「生」不會似人之生時面臨「死」般的恐懼或重憂？這種情形致使「人應取抉貪生或貪死」無法定論，追究其因，無疑是「未屆其時不知也。」《意言・生死》而且根據人怕死的心理推究死亡眞的是如此可怕嗎？洪亮吉認爲不然。他以就事論事的態度分「死而有知」和「死而無知」兩方面探討：

首先就「死而有知」而論，《意言・生死》篇中述：

> 抑謂死而有知耶？死而有知，則凡死者皆有知，吾將以死覲吾親戚和吾良友，見百年以內所未見之人，聞百年以內所未有之事，是死之樂甚于生也。

又說：

> 且吾有形質即有疾病欣戚。今無形質矣，是寒暑所不能侵也，哀樂所不能及也，適孰如此也？《意言・生死》

這裏指明人之死時若仍有知覺，那他將可藉死之時會見昔日之親朋好友；同時由於死時無凡人之軀，理所當然不受病痛的限制或折磨，這麼一來洪亮吉遂認爲「死之樂甚於生也」。

其次再就「死而無知」而言，《意言・生死》篇中說：

> 以爲死而無知耶？吾嘗飲極而醉焉，醉之樂百倍于醒也。

又說：

> 以其無所知也；吾嘗疲極而臥焉，臥之樂百倍于起也，以其無所知也；適孰如此也？《意言・生死》

此處點明人死後若無意識，就好比飲極而醉或疲極而臥般地舒適，故人之死何足懼焉？

經由上述種種述說，可知前面是以「知覺有無」爲命題，預設人死後的情形。洪亮吉揭諸人死並非同一般人印象中的恐怖，他極欲袪除一般人對死亡的迷惑。不僅如此，《意言・生死》篇又從另一角度來剖析死亡的迷障。他說：

> 又或如列子之言：「死之與生，一往一返。」死于此者，安知不生于彼。是始生之日，即伏一死之機，雖自孩提焉、少壯焉、耄耋焉皆與死之塗日近，不至于死不止也。《意言・生死》

洪亮吉在此引用《列子》中林類的話語，說明死亡相對於生存，是一個來一個去也。

〔註22〕而且生與死是一物本有的性質，它決非截然對立的狀態，而是互滲、互變、互通的過程，生命從誕生的一瞬間開始，就內含著死亡的因素，因此，「生」的發展也是一種「死」的過程；反之，死亡的瞬間也就意味著另一生命形態的開始，死亡直到毀滅的過程，同時也就是新生命的逐漸成長和壯大。故洪亮吉不但道出「自孩提焉、少壯焉、耄耋焉，皆與死之途日近。」《意言・生死》又說出：

> 因是知死之日，亦即伏一生之機，雖或暫焉，或久焉，或遲之又久焉，皆與生之途日近，不至于生不止也。《意言・生死》

所以說人之生時就已暗藏死之危機，相對地人之死時亦已暗藏生的生機。這意謂「吾于人之始生當弔之，以為日復一日，去死之途不遠矣；于人之死也當賀之，以為雖或久或暫，然去生之途不遠矣。」《意言・生死》生與死是一對矛盾。它們既互相區別，又互相聯繫，共存於一個統一體中。死中包含生，沒有死無所謂生，洪亮吉深刻闡明了生與死之間的辯證關係，破除人們對死的神秘臆想。如此一來，生因近於死理當弔，死因近於生理當賀，故此賀弔的對象便與世人的意識相反，這無疑是想點醒世人不可一味地怕死，即死無所懼也。洪亮吉因為其有如此的個人見解，故《意言・生死》篇末便以二疑問句作結，留給世人們重新思考生死的問題。他說：

> 吾安知世不以吾之以死為可賀，以生為可弔為惑耶？吾又安知不有人以世之以生為可樂，以死為可悲者為更惑耶？《意言・生死》

經由上述種種，統而觀之，洪亮吉祛除一般人對死的恐懼，分四層次論析：「首假定生與死等，生而可樂，則死亦可樂，生時貪生，知死時當悔。次假定死若有知，則死後可以見親戚朋友，且無寒暑疾病，則死更樂於生。又次則假定生為無知，則醉與眠之無知，其樂亦百倍於醒，此亦『息我以死』之說也。又次則假定生死為一往一還，人之初生即向死路而走；及其初死，又向生路而行。是初生即將弔死，初死已可慶生。此亦從莊子所謂『生也死之徒，死也生之始』之說而來。而說之更為淺白而警切矣。」〔註23〕經由四層次的層層推衍、步步進逼，一方面洪亮吉欲點醒世人「生死對等，死由何懼」的心態昭然若揭，另一方面也證明了亮吉有「破除人們對於死亡之恐懼」的人生觀了。

　　人生觀，往往是個人智慧的累積和展現。洪亮吉一生坎坷不平的境遇，不但塑

〔註22〕子貢曰：「壽者人之情，死者人之惡。子以死為樂，何也？」
　　　　林類曰：「死之與生，一往一反。故死于是者，安知不生于彼？故吾知其不相若矣，吾又安知營營而求生非惑乎？亦又安知吾今之死不愈昔之生乎？」見嚴北溟、嚴捷，《列子譯注》（上海古籍出版社，1986年9月第一次印刷），頁11。
〔註23〕同註2，頁45。

造了洪亮吉堅忍不拔的人格，同時也醞釀出他獨特的人生觀。洪亮吉首先認為人們「靜體一生」則可「得知一生」，即將一日之境比擬成人生孩提、弱冠、壯盛、衰莫四大階段，強調人應該靜心體會，以便把握每一天，把握百年人生。擁有此一正確人生觀後，洪亮吉認為人應反對「柔之道遠勝剛」的訛說，而以剛毅正直的態度來待人接物。而且面對世間眞偽是非的問題，洪亮吉主張人們不可一味地崇眞，且率眞必須由知識來充實、禮節來約束；就在人們年齡漸長、自我修養漸趨成熟後，人們往往會有「好名」的人生目標，這當然是無可厚非的。然而此「名」洪亮吉認為可好而不可強求，需以「務實」的原則來自我砥礪，且此「名」當以「立功、立德、立言」三不朽為終極目標，這樣人生才有意義和價值。最後，洪亮吉還剖析死亡的現象以便破除人們對於死亡之恐懼，得以坦蕩面對生死。

總之，洪亮吉的人生觀，簡要言之，不過是好靜、尚剛、崇禮化質、務實、袪惑等條目。也就是以好靜的「靜」為人生態度；以尚剛的「剛」為做人原則；以崇禮化質的「禮」為人格修飾；以務實的「實」為個體根本；以「袪惑」來根除死亡迷障。這麼一來，個人的自我意識想必是既正確又積極的，人能由此覺察出自己的生命意義和生活目的，進而發揮信念、實現個人人生藍圖。如此看來，洪亮吉的人生觀確實可用「遠見卓識」來形容了。

第八章 結 論

　　《意言》收錄於《卷施閣文甲集》的卷首，是洪亮吉四十八歲（1793）的作品。它正如同《卷施閣詩》卷二十〈自勵〉中所述：「（洪亮吉）寧作不才木，不願爲桔槔。桔槔亦何辜，俯仰隨汝曹。桔槔適當時，旋轉如風濤。高原多低枝，感汝汲引勞。一朝時雨行，棄置眼蓬高；寧作無知禽，不願爲反舌。眾鳥皆啁啾，反舌聲不出。豈繄果無聲，無乃事容悅。依依檐宇下，飲啄安且吉，何忍視蜀鵑，啼完口流血。」〔註 1〕《意言》二十篇便是洪亮吉目睹時局，感慨萬千，憤而發文，述說己見的創作。它不但是洪亮吉「吾寧爲龍泉太阿而折，必不爲游藤引蔓以長存者矣。」《意言‧剛柔》的確實實踐；而且也是洪亮吉極言進諫（〈征邪教疏〉和〈極言時政啓〉）的催化劑；同時也是洪亮吉個人哲學思想的代表作品。

第一節　《意言》中所顯示的學術精神

　　在《意言》中，自然觀、無神論、社會觀、人口論、人生觀五大主題之外，洪亮吉所顯示的學術精神，也可以分爲下列幾項加以說明：

一、在社會方面：強調家事、國事、天下事、須事事關心

　　洪亮吉對社會關心的焦點眾多，從人的誕生、死亡、以及人在自然環境中自處和他物相處之道等個人關心事，擴大到人們祭祀鬼神的家事，遍及到官吏朝政的國事，更涉略了社會中喪葬、食衣住行……等的宇宙天下事，凡是與「人」相關的論題，洪亮吉都會給予極高的重視。《意言》二十篇便是他目睹時局，對「家事、國事、天下事」心有所感的創作。

〔註 1〕見洪亮吉，《卷施閣詩卷二十‧自勵》，載刊於洪用勲等編撰，《洪北江（亮吉）先生遺集》（三）（台北：華文書局出版，1969 年（下引洪用勲等編撰，《洪北江（亮吉）先生遺集》版本并同）），頁 1873～1874。

二、在政治方面：主張革新須由基層入手，本固則邦寧

所謂「立政者，以官才爲本。」洪亮吉深知此理，故其觀察敏銳的社會觀便從親民的官吏開始探討，因而得知當代官吏和吏胥不但不愛民、益民，進一步還剝民、擾民。因此洪亮吉認爲清平之治，當以整飭官吏爲首要；而整飭官吏，首要之途則在於吏胥，即所謂「廉恥之吏，可使牧民。」〔註 2〕「有牧民之責者，可不先于胥吏加之意乎？」《意言·吏胥》主張革新須由基層（吏胥）入手，本固則邦寧。

三、在學術方面：實踐「為人生而學問」的士大夫之學

乾嘉時代知識份子受於清朝當政的高壓，大悉尋行數墨，嚼字咬文；不事遐思，憚言義理。然而洪亮吉卻非如此，他不僅能專研於學術（作品遍及經、史、子、集四部），而且還能深入發掘社會與政治的種種危機，藉由《意言》將之揭露無遺，這種識見實屬難能可貴。由此可知，洪亮吉的學問是以濟世爲目的，是「爲人生而學問」的士大夫（通識）之學〔註3〕。

四、在倫理方面：力行孝順父母、恭敬親長

洪亮吉無神論駁斥世俗的鬼神迷信，強調人應該將敬畏的對象，由虛無的鬼神轉移到眞實的父母親長。這便是孝（孝順父母）、悌（恭敬親長）的積極主張。因爲洪亮吉深知孔子所說：「君子務本，本立而道生，孝悌也者，其爲仁之本歟。」〔註4〕之理，不但主張入則「孝」，以事父兄長上；出則「悌」，以汎愛大眾，個人也以孝悌爲力行原則，無怪乎洪亮吉具有「天性孝友，眞情摯性」的個人特色。

五、在哲學方面：具有獨立的思考能力，不隨波逐流

綜觀洪亮吉《意言》二十篇，舉凡自然觀、無神論、社會觀、人口論、人生觀等的見解，皆是洪亮吉眼中所見、心有所感的個人意見。他往往能親自樹立、不因循、不與世浮沈，不流於俗套陳辭，爲文不避於時，勇於發表，經常發自肺腑，盡其所言。故以此抒情，則眞摯感人；以此議論，則理直氣壯。讀者也因而爲之所動，心有戚戚焉。

〔註 2〕見洪亮吉，《卷施閣文甲集補遺·廉恥論》（載刊於洪用勲等編撰，《洪北江（亮吉）先生遺集》（一）），頁 625。

〔註 3〕參見余英時，〈曾國藩與「士大夫之學」〉：「與曾氏同時代的陳澧曾提出『士大夫之學』與『博士之學』的分別。他認爲士大夫之學比博士之學更爲重要。所謂『博士之學』指『專明一藝』；所謂『士大夫之學』則指『略觀大意』、『存其大體』。用現代的話說，『士大夫之學』相當於通識，『博士之學』則相當於專家。曾國藩所嚮往，所實踐的正是『士大夫之學。』……」（載刊於《故宮學術季刊》第十一卷第二期，1993 年冬季出版），頁 94。

〔註 4〕見《論語·學而第一》，此據《十三經注疏》本（藝文印書館出版）。

第二節 《意言》中的思想核心——「實」

　　乾嘉學術，考據興盛；而乾嘉學風，尤重徵「實」，洪亮吉身處此境自然受其影響。且綜合洪亮吉《意言》一書，統而觀之，其實是以「實」字爲核心。何以言之？可由下列兩方面述說：一方面因爲洪亮吉舉自然界進化的現象，反對天生萬物專以養人的說法，形成他崇尚「實」際的自然觀；更以事「實」推理的方式，辯論天地間無鬼神的觀點，促成他事實辯證的無神論；接著便以「實」際目光來關懷社會問題，說出他觀察敏銳的社會觀；當他發現社會問題當中，人口和田屋的「實」際成長比率相差甚遠時，便提出他憂患意識的人口論；最後，由於他用心體會、認眞「實」踐，自然便有他遠見卓識的人生觀。另一方面，洪亮吉從重視「自然」而堅決「無神」，將一般人重視神仙鬼怪的眼光轉移到現實的「社會」上，進而發現社會現象和「人口」暴增的問題，最後對世事經一番了解體悟後，便觸發他的「人生」觀。經由以上兩方面的論述，可知洪亮吉《意言》五大主題，雖是不同領域，不但有其環環相扣的地方，更可見其秉「實」的一貫性，故經由《意言》思想的體現，我們便可得知洪亮吉的思想核心及人生態度確實是以「實」字爲依歸的。

　　總之，洪亮吉《意言》二十篇中，自然觀、無神論、社會觀、人口論、人生觀等五大主題，往往會受時代環境的限制，而使洪亮吉仍有其不足及局限之處（舉凡自然觀對「仙人」解釋的未全；無神論仍停留在「天圓地方」的蓋天說；社會觀中對弊端未提出有效的改革方法；人口論未思考到晚婚或節育……等降低人口率的方策；人生觀中對老子「柔弱勝剛強」的誤解……）。然而這不足之處，以整體觀之，仍是屬於璧中微瑕。因爲大體言之，洪亮吉《意言》五大論點，往往是洪亮吉新穎而深刻的見解、刻苦銘心的體會、用心良苦的述說，且論述層層推進、論點環環相扣，不僅首尾完足，自成體系，同時也將「內聖」「外王」涵攝其中，富於現實性和時代感，可謂是體用兼備的不朽著作。深信這也是洪亮吉寶貴的精神遺產，值得後人重視和闡揚。

附　錄：洪亮吉與馬爾薩斯「人口論」之比較

　　洪亮吉人口論之終旨大要在本文第六章已經介紹，且後代學者論及洪亮吉往往是把焦點停留在他的「人口論」思想〔註 1〕，因此他的人口論在其個人思想上實有不容忽視的重要地位。因此在討論洪亮吉思想的創新和貢獻，若捨「人口論」而他求，無疑是本末倒置、買櫝還珠。

　　論及洪亮吉的人口論思想，學術上出現一種現象，那就是研究洪亮吉的學者往往喜歡把他和西方的馬爾薩斯相提並論，甚至稱他爲「中國的馬爾薩斯」。探究其因，原來兩人的時代相當，皆是十八世紀中葉的人；而面對人口問題時的主張又有近似（人口增加率遠大於糧食田屋成長率），因此常將兩人並提。然而兩人眼光、本意雖相近，但因所處的時代背景、文化背景的差異，他們的人口論自然不同。林逸先生在其《洪亮吉（北江）及其人口論》一書中就曾將洪亮吉人口論和馬爾薩斯人口論做一比較〔註2〕，林逸先生的研究自有其一定的成果，然而本文爲了更清楚地區分兩人人口論的不同，本文遂以創作動機、理論主張、解決方法和人口論的成效影響等方面來加以探討，在此欲藉由洪亮吉和馬爾薩斯的比較，一方面將對「中國的馬爾薩斯」此名的適合度做一考量；另一方面也欲將洪亮吉的人口思想做一徹底的了解。

　　洪亮吉和馬爾薩斯都是十八世紀中葉的人，洪亮吉（1746～1809）爲清乾嘉年間的學者，馬爾薩斯（1766～1834）則是英國正統派的經濟學者。洪亮吉比馬爾薩斯大二十歲；亮吉在世活了六十四歲，而馬爾薩斯則較洪亮吉長壽四歲。兩人年代約同，但是身處的文化則迥異，故他們探討人口問題的動機亦復不同。洪亮吉親眼目睹乾嘉人口的暴增，而爲天下「治平之民」憂慮，馬爾薩斯則是不恥於當時瀰漫

〔註 1〕下列所引是以洪亮吉人口論爲研究重心的書目或期刊：
　　（一）見林逸，《洪亮吉（北江）及其人口論》（台北：台灣商務印書館出版，1979年 9 月初版）。
　　（二）見張蔭麟，〈洪亮吉及其人口論〉（載刊於《東方雜誌》二十三卷二號，1926年 1 月）。
　　（三）見余德仁，〈我國早期的人口論學者——洪亮吉〉（載刊於《史學月刊》第一期 1981 年）。
　　（四）見周源和，〈洪亮吉的人口思想〉（載刊於《復旦學報》，1980 年 1 月）。
〔註 2〕見林逸，《洪亮吉（北江）及其人口論·北江人口論和馬爾薩斯人口論的比較》（台北：台灣商務印書館出版，1979 年 9 月初版），頁 64～88。

的烏托邦鄉愿思想而提出人口問題，反駁當時名學人高德文氏的「社會幸福論」或「盡善主義」……等意見〔註3〕，認為他們太過盲目樂觀，故馬爾薩斯於 1798 年首先匿名發表〈人口的原理及其對社會將來改進的影響〉來述說他的人口論，而洪亮吉的人口理論著作——《意言》則是完成於乾隆五十八年（1793），尤較馬爾薩斯的人口論早了五年。在敘說了兩人基本資料後，以下便分時代背景、創作動機、理論主張、解決方法及成效影響五大方面來真正比較兩人的人口論思想。

一、時代背景

◎洪亮吉

洪亮吉處於封建社會衰落時期，政治上仍屬君主專制的政體。乾隆做了六十年的皇帝，閉關自守、夜郎自大、國勢盛極而衰。而當時全國人民從事農業者十居七八，歷史雖悠久，但是農業的發展，異常落後。且由於是以農業為主，故人口的生計完全繫於田地的生產，而田地的生產全賴人的勞動力，因此在此農業社會當然是希望多子多孫，以便擁有充足的勞動力從事農業耕作。

◎馬爾薩斯

馬爾薩斯生活在資本主義時代（生產方式已經占統治地位的西歐），政治上是屬於君主立憲，喬治三世也做了六十年的國君，其間雖有北美十三州的獨立，國勢仍盛，並且發生了偉大的工業革命運動，在當時英國雖然地狹人稠、農地有限，但它仗著輸入而不虞匱乏，再加上棉織業的發展、紡織機、蒸氣機等動力的改進，促使時代產生工業革命，而工業革命的影響使得生產偏重資本及技術。

二、創作動機

◎洪亮吉

洪亮吉自幼孤貧、力學不輟，曾經長期以教書為生，四十五歲方登仕籍。因此他對現實社會中種種弊端陋習是比較了解，對普遍人民的生計艱難狀況抱有一定的同情態度。故當他發現乾隆時期人口暴增的現象後，便百感交集地針對特定的歷史條件（治平之世）及特定的歷史環境（人口稠密的中國內地）提出一個值得注意的社會問題，即「為治平之民慮也。」《意言·治平》所憂為何？則生存之困難而已。

〔註3〕英人高德文與法國的康杜山是同時的樂觀派哲學家，他們兩人都認為人類正走向一種均衡社會的建立。在這種社會中將無戰爭、病害、憂愁、及仇恨，彼此將熱忱友好相處，快樂度日。社會有自然力使生活資源始終能營養人口，這種均衡的力量使人類經常保持幸福，不必憂愁貧窮。高德文的名著為，《政治的公平》，出版於 1793 年；康杜山的著作，《人類進化史》，於 1794 年在法國刊出。

故其人口理論乃是爲了敦促清王朝實施一些改革措施而創作的。而且洪亮吉的主張是蹊徑獨闢、一空依傍的創作。

◎馬爾薩斯

馬爾薩斯的人口論一方面乃是不恥於當時瀰漫的烏托邦鄉愿思想而提出人口問題反駁那些對人類前途盲目樂觀的意見。另一方面則有明顯的政治目的，他是爲了替資本主義制度作辯護，並反對勞動人民爲推翻資本主義制度而進行的革命。因此全書中少見關心貧民、改善人民生活的言論出現。而且馬爾薩斯之創作是匯集前人之說，可說是承繼眾說、組織成統的創作。

三、理論主張

◎洪亮吉

《意言‧治平》篇開宗明義便言：

> 人未有不樂爲治平之民者也；人未有不樂爲治平既久之民者也。治平至百餘年，可謂久矣。然言其戶口，則視三十年以前增五倍焉，視六十年以前增十倍焉，視百年、百數十年以前不啻增二十倍焉。……或者曰「高曾之時，隙地未盡闢，閒廛未盡居也。」然亦不過增一倍而止矣，或增三倍、五倍而止矣，而戶口則增至十倍、二十倍，是田與屋之數常處其不足，而戶與口之數常處其有餘也。

由此可知洪亮吉認爲戶口的增加遠較生產增加爲快，至於他所說的數據是否符合時代眞實狀況，在本文第六章〈《意言》中憂患意識的人口論〉的第一節便有詳細說明，在此不再贅述。

◎馬爾薩斯

馬爾薩斯認爲人類和一切生物一樣有兩種最基本的慾望，一是性慾，因而有子女生育與人口繁殖；二是追求生活資源的慾望，尤其是食物的求得，因有生活資源才可以生存，食料是一切生活資料最不可少的。因此二慾並行發展的結果，就造成人口增值與糧食增產的競賽。而競賽的結果，馬爾薩斯認爲人口的潛在增值能力是遠大於人類增產生活資源或糧食能力﹝註4﹞。而且就「人口增加」而言，馬爾薩斯首先從處於殖民地和初建國有大規模移民的特定歷史條件和特定地區的美國，「發現了人口每二十五年增加一倍」，「或按幾何級數率增加」的現象；其次就「糧食增加」而言，馬爾薩斯回到另一個特定歷史條件的生活和特定地區的英國，「假定這島國，

﹝註4﹞見張德粹，《人口問題要義》（台北：正中書局出版，1964年2月台初版），頁14～15。

得依大努力，在每二十五年間，以原生產額相等的生活資料量，增加其全生產物吧。……但這增加率，分明是算術級數的。」〔註 5〕然後拋開特定的歷史條件和地理條件，綜合上述兩種發現，得出人口是以幾何級數增長，而糧食則是以算術級數成長，且糧食增長遠不及人口增長的結論。

四、解決方法

◎洪亮吉

洪亮吉的人口論在方法上著重於「糧食增產」。《意言‧治平》篇曾提出「天地調劑法」和「君相調劑法」等二種方法。他說：

> 曰天地有法乎？曰：水旱疾疫，及天地調劑之法也。然民之遭水旱災疾疫而不幸者，不過十之一二矣。
>
> 曰：君、相有法乎？曰：使野無閒田，民無剩力；彊土之新闢者，移種民以居之：賦稅之繁重者，酌今昔而減之；禁其浮靡，抑其兼併；遇有水旱疾疫，則開倉廩、悉府庫以賑之；如是而已。是亦君、相調劑法也。
>
> （《意言‧治平》）

「天地調劑法」乃是指水、旱、疾、疫等天災，人們往往只能接受而不能避免；「君相調劑法」，不過是通過開荒、移民、增產節儉、禁重稅、抑兼併、普賑濟的辦法來改善人民「畢生惶惶」的處境。最後洪亮吉還宿命地認為「治平之久，天地不能不生人，而天地之所以養人者，原不過此數也。治平之久，君相亦不能使人不生；而君相之所以為民計者，亦不過前此數法也。」（《意言‧治平》）

◎馬爾薩斯

人口的繁殖力（幾何級數）是如此強大，故馬爾薩斯認為種趨勢劫必受到阻遏或抑制。而馬爾薩斯認為抑制人口的力量不外兩種。一是預防抑制，或稱為人為的抑制，即人類自覺多生的痛苦，設法預防生育過多，如晚婚、獨身、禁慾等。這種抑制的方法，因不違反道德，且可使人們減少痛苦，故又稱「道德的禁制」。另一限制人口的力量則稱為積極抑制，或稱為自然的抑制，包括疾病、窮困、戰爭、災荒、飢饉等等〔註 6〕。因此限制人口的過度增值，不外是人為的預防抑制和自然的積極抑制，前者為減低出生率以抑制人口，後者則為增大死亡率以遏阻人口的增加速度。以上便是馬爾薩斯人口論的解決方法。

五、成效影響

〔註 5〕見馬爾薩斯，《人口論》（台北：三民書局出版，1980 年 1 月再版），頁 11。
〔註 6〕同註 4，頁 15～16。

◎洪亮吉

　　洪亮吉的主張和見解，理論上可以在一定程度上改善人民的悲慘處境，也能使衰敝的社會經濟獲得一定的恢復和發展，故理論上是有一定的意義及值得肯定的。然而在實際上洪亮吉之論，則猶如曇花一現，百餘年來，長期埋於故紙堆中，舉世莫知莫聞，實令人嘆息和惋惜。

◎馬爾薩斯

　　馬爾薩斯他能綜合前人學說，做明智的判斷，斟酌取捨，撰爲一家之言。並且兼備學理與人口統計，使用實際數字以證明其理論。故西方自馬爾薩斯人口論出，遂在經濟學及社會學上闢一新天地，其直接間接影響於政治及社會上一般人之思想，至鉅且重。且由於他有「人口的自然增值必須受到限制，否則人類前途必走入悲慘境遇」的論調，一方面固然有許多人讚揚，另一方面亦成爲眾矢攻擊的目標，在喝彩與責罵交熾的喧噪聲中，馬爾薩斯的聲名因以昭著，人口問題乃特別爲眾人重視，研究這問題的人就更加增多，馬薩斯就成了劃時代的人物〔註7〕。

洪亮吉和馬爾薩斯「人口論」對照一覽表

項　目 ＼ 人　物	洪　亮　吉	馬　爾　薩　斯	備　註
（一）出生	1746 年 生於江蘇	1766 年 生於英格蘭	洪較馬早二十年
（二）去世	1809 年 享年六十四歲	1834 年 享年六十八歲	洪比馬少活四年
（三）創作時間及作品	1793 年（乾隆五十八年） 蹊徑獨闢、一空依傍	1798 年（曾修改五次） 承繼眾說、組織成統	洪比馬早五年
（四）時代背景	農業社會 （封建社會衰落期）	工業社會 （資本主義發展階段）	
（五）創作動機	「爲治平之民慮」 主張改革	替資本主義辯護 反對革命	
（六）理論主張	一、戶口：「視三十年以前增五倍焉，視六十年以前增十倍焉，視百年、百數十年以前，不啻增二十倍焉」。 二、田屋：戶口若增十倍、二十倍，田屋才增一倍、三倍或五倍。	一、人口增加：幾何（等比）級數（如無任何人爲的節制，不受天然資源不足的壓力，任何國家人口增加率約在二十五年至三十年增加一倍。 二、糧食增加：算術（等差）級數。	兩人皆認同糧食、田屋的成長率遠不及人口的成長率。

〔註 7〕同註4，頁 12。

（七）解決方法	側重：糧食增產 一、天地調劑法：「水旱疾疫而不幸者，不過十之一、二矣。」 二、君相調劑法：「使野無開田，民無剩力，彊土之新闢者，移種民以居之；賦稅之繁重者，酌今昔而減之；禁其浮靡，抑其兼併；遇有水旱疾疫，則開倉廩、悉府庫以賑之，如是而已。」	側重：人口節制 一、積極（自然）的限制：包括疾病、窮困、戰爭、災荒、飢饉等等。 二、預防（人為、道德）的限制：包括獨身、晚婚、禁慾等等。	
（八）成效影響	洪亮吉之論，則如曇花一現，百餘年來長期埋於故紙堆中，舉世莫知莫聞。	西方自馬爾薩斯人口論一出，在經濟學及社會學、生物學闢一新天地；其直接間接影響於政治及社會上一般人之思想至鉅至重。	

　　由上述五點的剖析，可製圖如上表（洪亮吉和馬爾薩斯「人口論」對照一覽表）。經由此表我們可明顯的看出洪亮吉和馬爾薩斯兩人由於時代環境和文化背景的不同，造成他們對於人口問題的看法、態度及見解皆不盡相同。而「兩人學說不謀而同，其時代復略相當，斯亦學術史上極奇異、極湊巧之現象也已。」〔註8〕也就是說兩人在思想傳統上完全不搭界，其人口論產生年代的相同與個別論點的相似，純粹是出於巧合。洪亮吉的人口論思想從根本上講，是清中葉社會現實的產物，它不會因為類似馬爾薩斯人口論而增色，也不會因為不類似馬爾薩斯人口論而減色。故「中國的馬爾薩斯」此名和「洪亮吉」之間似乎不能劃上等號〔註9〕。然而若從學者稱洪亮吉為「中國的馬爾薩斯」，乃是「欲借馬爾薩斯之名以揚洪亮吉長久湮沒的思想」此角度觀之，那麼「中國的馬爾薩斯」之名，仍有其特殊用意了。

〔註8〕見張蔭麟，〈洪亮吉及其人口論〉（載刊於《東方雜誌》二十三卷二號，1926年1月），頁72。
〔註9〕不贊成洪亮吉具有「中國的馬爾薩斯」之名的學者有：
　　（一）李世平，〈洪亮吉是中國的馬爾薩斯嗎？〉（載刊於《社會科學研究》第一期1979）。
　　（二）嚴明，《洪亮吉評傳》（台北：文津出版社出版，1993年2月初版）。

參考書目

一、洪亮吉的主要著作

1. 《卷施閣文甲集·意言》（台北：中華書局出版）。

2. 《卷施閣集》甲乙集（台北：中華書局出版）。

3. 《卷施閣集》詩集（台北：中華書局出版）。

4. 《更生齋集·更生齋文甲乙集》、《更生齋集·更生齋詩》《更生齋集·更生齋詩餘》（台北：中華書局出版）。

5. 《洪北江（亮吉）先生遺集》（清光緒三年授經堂重刊本影印）第一冊至第十八冊。洪用勲等編撰，台北華文書局出版，1969 年。包括下列書目：
   《年譜一卷》（行狀表傳墓誌銘遺事述九篇附），《卷施閣文甲集》十卷、《補遺》一卷，《文乙集》八卷、《續編》一卷，《詩集》二十卷，《更生齋集文甲集》四卷，《文乙集》四卷、《續集》二卷，《詩集》八卷，《詩續集》十卷，《附鮚軒詩集》八卷，《冰天雪窖詞》一卷，《機聲鐙影詞》一卷，《兩晉南北史樂府》二卷，《唐宋小樂府》一卷，《北江詩話》六卷，《曉讀書齋雜錄》八卷，《傳經表》二卷，《通經表》二卷，《六書轉注錄》十卷，《弟子職箋釋》一卷（史目表二卷附），《春秋左傳詁》二十卷，《漢魏音》四卷，《比雅》十卷，《乾隆府廳州縣圖志》五十卷、《補三國疆域志》二卷，《東晉疆域志》四卷，《十六國疆域志》十六卷，《伊犁日記》一卷，《天山客話》一卷，《外家紀聞》一卷。

   以上共兩百二十二卷。

二、專　書

（一）經　部：

1. 魏王弼注、唐孔穎達正義，《周易》（藝文印書館出版，《十三經注疏》本）。

2. 東漢鄭玄箋、唐賈公彥疏，《周禮》（藝文印書館出版，《十三經注疏》本）。

3. 東漢鄭玄箋、唐賈公彥疏，《儀禮》（藝文印書館出版，《十三經注疏》本）。

4. 東漢鄭玄箋、唐孔穎達正義，《禮記》（藝文印書館出版，《十三經注疏》本）。

5. 清孫希旦撰，《禮記集解》（台北：文史哲出版社出版，1967）。

6. 晉杜預集解、唐孔穎達正義，《左傳》（藝文印書館出版，《十三經注疏》本）。

7. 魏何晏等注、宋邢昺疏，《論語》（藝文印書館出版，《十三經注疏》本）。

8. 唐玄宗御注、宋邢昺疏，《孝經》（藝文印書館出版，《十三經注疏》本）。

9. 漢趙岐注、宋孫奭疏，《孟子》（藝文印書館出版，《十三經注疏》本）。

10. 劉熙，《釋名》（秦皇島：中華書局出版，1985 年北京新一版）。

11. 同光出版社編輯部，《三字經註解（附上二十四孝）》（台北：同光出版社出版，1980 年 8 月出版）。

12. 段玉裁，《說文解字注》（漢京文化事業有限公司出版，1983 年 9 月 28 日初版）。

（二）史　部：

1. 繆文遠，《戰國策新校注》（四川：巴蜀書社出版，1987 年 9 月第一次印刷）。

2. 楊家駱主編，《新校本史記三家注》（台北：鼎文書局出版，1980）。

3. 班固撰、顏師古注，《漢書》（中華書局出版，1976）。

4. 范曄撰、唐李賢等注，《後漢書》（台北：中華書局出版，1975）。

5. 《新校本舊唐書》（台北：鼎文書局出版，1976）。

6. 馬端臨，《文獻通考》（台北：新興書局出版，1964 年 10 月新一版）。

7. 徐光啟，《農政全書校注》（上海古籍出版社出版，1979 年版）。

8. 陳捷先，《明清史》（台北：三民書局出版，1990 年 12 月初版）。

9. 史仲文、胡曉林，《中國全史》（北京：人民出版社出版，1994 年 4 月第一次印刷）。包括下列書目：
徐凱、李尚英、劉秀生、陳長年，《中國清代政治史》。李路陽、畏冬，《中國清代習俗史》。張越，《中國清代思想史》。龐毅，《中國清代經濟史》。

10. 金兆豐，《清史大綱》（學海出版社出版，1977 年 8 月二版）。

11. 趙爾巽、柯劭忞，《清史稿》（台北：洪氏出版社出版，1981）。

12. 《清聖祖實錄選輯》（台北：大通出版社出版，1984）。

13. 中國社會科學歷史研究所歷史研究室編，《清史論叢》（北京：中華書局出版，1992）。

14. 陳振漢等編，《清實錄經濟史資料》（順治至嘉慶朝）（河北：北京大學出版社出版，1989）。

15. 蕭一山，《清代通史》（台北：台灣商務印書館出版，1962 年 9 月台一版）。

16. 王家儉，《清史研究論藪》（台北：文史哲出版社出版，1994 年初版）。

17. 陳應信，《湘潭縣志》（嘉靖癸丑（三十二年）刊本）。

18. 《瀏陽縣志》（嘉靖辛酉（四十年）刊本）。

19. 周駿富，《清代傳記叢刊》（附索引）（台北：明文書局出版）。包括下列書目：
江藩，《漢學師承記》。徐世昌，《清儒學案小傳》。錢林，《文獻徵存錄》。支偉成，
《清代樸學大師列傳》。阮元，《儒林集傳錄存》。朱汝珍，《詞林輯略》。閔湘蕙，
《國朝鼎甲徵信錄》。王掉，《今世說》。吳德旋，《初月樓聞見錄》。張維屏，《國
朝詩人徵略》。吳仲，《續詩人徵略》。吳修，《昭代名人尺牘》。梁章鉅，《國朝臣
工言行記》。張鳴珂，《寒松閣談藝瑣錄》。盛叔清，《清代畫史增編》。竇鎮，《國
朝書畫家筆錄》。李放，《皇清書史》。震均，《國朝書人輯略》。馬宗霍，《書林藻
鑑清代篇》。趙爾巽，《清史稿列傳》。清國史原編，《清史列傳》。錢儀吉，《碑傳
集》。李桓，《國朝耆獻徵略》。李元度，《清朝先正事略》。蔡冠洛，《清代七百名
人傳》。

20. 恒慕義，《清代名人傳略》（西寧：青海出版社出版，1990 年 2 月第一次印刷）。

21. 葉衍蘭、葉恭綽編，《清代學者象傳合集》（上海古籍出版社出版，1989 年 7 月第
一次印刷）。

22. 陳金陵，《洪亮吉評傳》（北京：中國人民大學出版，1995 年 1 月第一版）。

23. 嚴明，《洪亮吉評傳》（台北：文津出版社出版，1993 年 2 月初版）。

24. 林逸編著，《清洪北江先生亮吉年譜》（台北：台灣商務印書館出版，1981 年 10 月
初版）。

25. 金春峰等著，《中國古代著名哲學家評傳》（齊魯書社出版，1982 年 9 月）。

26. 楊蔭深，《中國學術家列傳》（西南書局出版，1979 年 5 月 1 日再版）。

27. 楊蔭深，《中國文學家列傳》（台灣：中華書局出版，1978 年 7 月五版）。

28. 翟忠義，《中國地理學家》（山東教育出版社出版，1989 年 3 月第一次印刷）。

29. 蔡仁堅，《古代中國的科學家》（景象出版社出版，1976 年 9 月 20 日初版）。

30. 陳茂同，《歷代職官沿革史》（華東師範大學出版，1988 年 3 月第一次印刷）。

31. 宋敘五等著，《國史釋論》（台北：食貨出版社出版，1987 年 11 月）。

32. 蔣維喬，《中國近三百年哲學史》（台灣：中華書局出版，1980 年 11 月三版）。

33. 侯外廬，《中國思想史綱》（北京：中國青年出版社出版，1991 年 5 月第二次印刷）。

34. 張豈之，《中國思想史》（台北：水牛出版社出版，1992 年初版）。

35. 張敏如，《中國人口思想簡史》（中國人民大學出版社出版，1982 年 10 月第一次印
刷）。

36. 王棣堂，《中國無神論史話》（福建：人民出版社出版，1986 年 10 月第一版）。

37. 王友三，《中國無神論史綱》（上海：人民出版社出版，1986 年 10 月第二版）。

38. 牙含章、王友三主編，《中國無神論史》（中國社會科學出版社出版，1992 年 5 月 1 日）。

39. 全漢昇，《中國經濟史論叢》（香港中文大學新亞書院出版，1972 年 8 月）。

40. 柳詒徵，《中國文化史》（台灣：正中書局出版，1987 年 11 月初版第十六次印刷）。

41. 侯外廬，《中國封建社會史論》（台北：谷風出版社出版，1979 年 2 月第一版）。

42. 梁方仲編著，《中國歷代戶口、田地、田賦統計》（上海：人民出版社出版，1985 年 2 月第三次印刷）。

43. 郭伯恭，《四庫全書纂修考》（台北：台灣商務印書館出版，1972 年 3 月台二版）。

44. 王慶云，《石渠餘記》（《近代中國史料叢刊》第八輯，台北：文海出版社出版）。

（三）子　部：

1. 清王先謙，《荀子集解》（《諸子集成》本，北京：中華書局出版，1954 年 12 月第一版）。

2. 清戴望，《管子校正》（《諸子集成》本，北京：中華書局出版，1954 年 12 月第一版）。

3. 嚴萬里，《商君書》（《諸子集成》本，北京：中華書局出版，1954 年 12 月第一版）。

4. 王先慎，《韓非子集解》（《諸子集成》本，北京：中華書局出版，1954 年 12 月第一版）。

5. 朱守亮，《韓非子釋評》（台北：五南圖書公司出版，1992 年 9 月初版一刷）。

6. 陳奇猷，《韓非子集釋》（上海：人民出版社出版，1974 年版）。

7. 南京中醫學院醫經教研組，《黃帝內經素問譯釋》（上海科學技術出版社出版，1989 年 9 月第二版第六次印刷）。

8. 孫詒讓，《墨子閒詁》（《諸子集成》本，北京：中華書局出版，1954 年 12 月第一版）。

9. 高誘注，《呂氏春秋》（《諸子集成》本，北京：中華書局出版，1954 年 12 月第一版）。

10. 陳奇猷校釋，《呂氏春秋校釋》（台北：華正書局出版，1985 年 8 月初版）。

11. 高誘注，《淮南子》（《諸子集成》本，北京：中華書局出版，1954 年 12 月第一版）。

12. 王充，《論衡》（《諸子集成》本，北京：中華書局出版，1954 年 12 月第一版）。

13. 劉向，《說苑》（《四部備要》本，台北：中華書局出版。

14. 徐幹，《中論》（世界書局出版，1975 年 11 月三版）。

15. 徐珂，《清稗類鈔》（台北：台灣商務印書館出版，1983 年二版）。

16. 陳識彬，《汪容甫學述》七十二學年度政大中研所碩士論文

17. 徐世昌，《清儒學案》（世界書局出版，1979 年 4 月三版）。

18. 趙靖主編，《中國古代經濟思想名著選》（北京大學出版社出版，1985 年 6 月第一次印刷）。

19. 王弼注，《老子注》（《諸子集成》本，北京：中華書局出版，1954 年 12 月第一版）。

20. 嚴靈峰，《老子達解》（台北：華正書局出版，1992 年 10 月版）。

21. 王淮注釋，《老子探義》（台北：台灣商務印書館出版，1990 年 12 月九版）。

22. 晉張湛注，《列子注》（《諸子集成》本，北京：中華書局出版，1954 年 12 月第一版）。

23. 嚴北溟、嚴捷譯注，《列子譯注》（上海古籍出版社出版，1986 年 9 月第一次印刷）。

24. 清王先謙，《莊子集解》（《諸子集成》本，北京：中華書局出版，1954 年 12 月第一版）。

25. 陳鼓應註釋，《莊子今註今譯》（台北：台灣商務印書館出版，1992 年 10 月初版第十一次印刷）。

（四）集　部：

1. 柳宗元，《柳宗元》（台北：漢京文化事業有限公司出版，1982 年 5 月 20 日）。

2. 蘇軾，《蘇東坡全集》（《四部備要》本，台北：中華書局出版）。

3. 章學誠（實齋），《章氏遺書》（漢聲出版社出版）。

4. 錢泳，《履園叢話》（台北：大立出版社出版，1982 年景印初版）。

5. 張舜徽，《清人文集別錄》（台北：明文書局出版，1982 年出版）。

6. 陳鏞選編，《清代散文選》（台北：明文書局出版）。

7. 錢仲聯選，《清文舉要》（安徽教育出版社出版，1989 年 5 月第一次印刷）。

8. 國風出版社編，《皇朝經世文編》（台北：國風出版社出版）。

9. 陳耀南，《清代駢文通義》（台北：學生書局出版，1977 年 9 月初版）。

10. 錢仲聯選，《清詩三百首》（長沙：岳麓書社出版，1992 年 1 月第四次印刷）。

11. 陳祥耀，《清詩精準》（北京：人民文學出版社出版，1992 年 10 月第一次印刷）。

12. 趙伯陶選譯，《清詞選譯》（山東大學出版社出版，1989 年第一版）。

13. 許眞幹註，《精選八家四六文註》（老古出版社出版）。

14. 李敖，《中國名著精華全集》（台灣：遠流出版社出版，1983）。

15. 艾力農，《中國無神論思想論文集》（江蘇：人民出版社出版，1980 年 2 月第一版）。

16. 金春峰等著，《中國無神論文集》（武漢：湖北出版社出版，1982）。

17. 中央研究院近代史研究所編，《近世中國經世思想研討會論文集》（台灣：學生書局出版，1984 年 4 月出版）。

18. 吳功正主編，《古文鑑賞集成》（台北：文史哲出版社出版，1991 年初版）。

19. 劉盼遂主編，《中國歷代散文選》（香港：中國圖書刊行社出版，1984 年第一版）。

20. 倉修良、魏得良主編，《中國歷代文選》（山東教育出版社出版，1985 年 8 月第一版）。

21. 張仁青編撰，《歷代駢文選》（台灣：中華書局出版，1971 年二版）。

22. 費振剛選注，《古代遊記精華》（台北錦繡出版社出版，1993 年 1 月）。

（五）其他相關書目（依出版年月排序）

1. 張德粹，《人口問題要義》（台北：正中書局出版，1964 年 2 月台初版）。

2. 林逸，《洪亮吉（北江）及其人口論》（台北：台灣商務印書館出版，1979 年 9 月初版）。

3. 劉兆璸，《清代科舉》（台北：東大圖書公司出版，1979 年 10 月再版）。

4. 馬爾薩斯，《人口論》（台北：三民書局出版，1980 年 1 月再版）。

5. 馬鳴，《解剖現實社會》（台南：大夏出版社出版，1983 年 2 月）。

6. 郝道猛，《生態學概論》（台北：徐氏基金會出版，1983 年五版）。

7. 孫寶琛，《知識、理性與生命》（台北：東大圖書公司出版，1984 年 5 月初版）。

8. 羅光，《生命哲學》（台灣：學生書局出版，1985 年元旦初版）。

9. 方俊吉，《禮記之天地鬼神觀探究》（台北：文史哲出版社出版，1985 年 3 月初版）。

10. 李杜，《中西哲學思想中的天道與上帝》（聯經圖書公司出版，1985 年 4 月第四次印刷）。

11. 朱天順，《中國古代宗教初探》（中和：古風出版社出版，1986 年 10 月）。

12. 高明等教授，《憂患意識的體認》（台北：文津出版社出版，1987 年 4 月出版）。

13. 屈育德，《神話、傳說、民俗》（北京：中國文聯出版社出版，1988 年 9 月）。

14. 傅統先，《哲學與人生》（台北：水牛出版社出版，1988 年 10 月 30 日再版）。

15. 張周天，《宇宙人生與中國文化》（增定版）（巨流出版社出版，1989 年 2 月）。

16. 呂大吉主編，《宗教學通論》（中國社會科學出版社出版，1989 年 7 月第一版）。

17. 宋德胤，《喪葬儀觀》（中國青年出版社出版，1991 年 1 月北京第一次印刷）。

18. 李柏，《超強生物》（台北：建興書局出版，1991 年 3 月革新版）。

19. 常揚，《中國文化與中國哲學》（新華書店出版，1991 年 5 月第一次印刷）。

20. 李喬，《清代官場百態》（台北：雲龍出版社出版，1991 年 6 月台一版）。

21. 楊炯山主稿,《婚喪禮儀手冊》(台灣省立新竹社會教育館出版,1991 年 6 月 30 日第三次修訂)。

22. 唐君毅,《哲學概論》(台灣:學生書局出版,1991 年 10 月全集校訂版)。

23. 張勁松,《中國鬼信仰》(中國華僑出版社出版,1991 年 11 月第一版)。

24. 曲格平、李金昌,《中國人口與環境》(中國環境科學出版社出版,1992 年 5 月第一次印刷)。

25. 梅新林,《仙話》(三聯書店上海分店出版,1992 年 6 月第一版)。

26. 詹石窗,《生命靈光──道教傳說與智慧》(中華書局出版,1993 年 1 月初版)。

27. 張立文,《中國哲學範疇導論》(台北:三民書局出版,1993 年 4 月初版一刷)。

28. 葛榮晉,《中國哲學範疇導論》(萬卷樓圖書公司出版,1993 年 4 月初版一刷)。

29. 蒲慕州,《墓葬與生死》(台北:聯經圖書公司出版,1993 年初版)。

30. 陳鼓應主編,《道家文化研究》(上海古籍出版社出版,1994 年 3 月第一次印刷)。

31. 康韻梅,《中國古代死亡觀之探究》(國立台灣大學出版委員會出版,1994 年 6 月初版)。

三、期刊論文 (依出版年月排序列)

1. 張蔭麟,〈洪亮吉及其人口論〉(《東方雜誌》二十三卷二號,1926 年 1 月)。

2. 陳柱,〈洪北江之哲學〉(《東方雜誌》二十四卷第九期,1927 年 5 月)。

3. 丁蘊琴,〈洪亮吉評傳〉(《東方雜誌》四十一卷第二十期,1945 年 10 月)。

4. 南湖,〈洪北江謇諤慷爽〉(《中央日報》第七版,1962 年 2 月 17 日)。

5. 陳垣,〈跋洪北江與王復手札〉(《文物》1962 年 9 月)。

6. 尤置,〈關於乾嘉學派的評價〉(綜述)(《學術月刊》1964 年 5 月)。

7. 楊榮國,〈洪亮吉的無神論思想〉(《學術研究》第四、五期,1965)。

8. 劉益安,〈論乾嘉考據學派的歷史作用及批判繼承問題〉(《學術月刊》1965 年 1 月)。

9. 林逸,〈人口理論學人洪北江與馬爾薩斯年表及其時代意義〉(《社會建設》二十四卷,1975 年 9 月)。

10. 費海璣,〈洪北江先生如是說〉(《暢流》五十四卷第十二期,1977 年 2 月)。

11. 劉兆云,〈洪亮吉萬里荷戈〉(《新疆大學學報》1978 年 2 月)。

12. 謝忠梁,〈洪亮吉的人口理論及其產生的時代條件述略〉(《貴陽師院學報》1979 年 3 月)。

13. 李世平,〈洪亮吉是「中國的馬爾薩斯」嗎?〉(《社會科學研究》第一期,1979 年)。

14. 王聲多，〈不應全盤否定馬爾薩斯人口論〉（《復旦學報》1980 年 1 月）。

15. 周源和，〈洪亮吉的人口思想〉（《復旦學報》1980 年 1 月）。

16. 胡一雅，〈洪亮吉人口學說述評〉（《東北師範大學學報》第三期，1980 年 7 月）。

17. 林逸，〈洪亮吉的學術和藝文〉（《書和人》第三九七期，1980 年 8 月）。

18. 王德昭，〈清代的科舉入仕與政府〉（《香港中文大學文化研究所學報》第十三卷，1981 年）。

19. 朱端強，〈乾嘉學派治學方法簡論〉（《歷史教學》1981 年 6 月）。

20. 余德仁，〈我國早期的人口論學者——洪亮吉〉（《史學月刊》第一期，1981 年）。

21. 楊中新，〈洪亮吉論物質資料生產和人口自然增值的關係〉（《貴陽師院學報》1982 年 2 月）。

22. 杜蒸民，〈洪亮吉和他的，《意言》〉（《安徽史學》第一期，1984 年）。

23. 邵勝定，〈洪亮吉藏書家分等說質疑〉（《圖書館雜誌》1984 年 4 月）。

24. 陳訓明，〈靈氣歸筆端、奇矯得未嘗：洪亮吉旅黔紀遊詩當論〉（《貴州社會科學》1985 年 2 月）。

25. 張修齡，〈洪亮吉和乾嘉詩壇〉（《蘇州大學學報》1987 年 2 月）。

26. 王衛平，〈洪亮吉的方志學思想〉（《史學史研究》1988 年 1 月）。

27. 周衍發，〈清代著名人口論學者洪亮吉〉（《人民日報》第五版，1988 年 5 月 30 日）。

28. 郭明儀，〈清代詩話家語言思想管窺〉（《蘭州大學學報》1990 年 1 月）。

29. 吳雁南，〈清代經學的特點〉（《中州學刊》1990 年 2 月）。

30. 王鍾翰，〈清代乾嘉道時期歷史地位與時代特色〉（《吉林師範大學學報》哲社版 1990 年 2 月）。

31. 嚴明，〈清代散文經世論〉（《蘇州大學學報》1990 年 2 月）。

32. 于鵬翔，〈論乾嘉學派形成中的民族因素〉（《松遼學刊》1990 年 3 月）。

33. 張守龍，〈乾嘉士林風氣初探〉（《松遼學刊》1990 年 3 月）。

34. 王俊義，〈論乾嘉學派的學術成就與歷史侷限〉（《社會科學輯刊》第二期，1991 年）。

35. 陳祖武，〈論清初學術的歷史地位〉（《清史研究》1991 年 1 月）。

36. 暴鴻昌，〈清代史學經世致用思潮的演變〉（《中國社會科學院研究生院學報》1991 年 1 月）。

37. 盧仁龍，〈清代諸子學史述略〉（《社會科學輯刊》1991 年 3 月）。

38. 姜守鵬，〈乾嘉道時期中國社會經濟結構的變革〉（《清史研究》1991 年 4 月）。

39. 尹德民，〈洪北江弔湯大奎詩及鳳山知縣事略考正〉（《高市文獻》四卷第一期，1991

年 10 月）。

40. 陳權清，〈清代人口的增長與危機〉（《湖南師範大學社會科學學報》第二十卷第六期，1991 年 11 月）。

41. 何石松，〈清代孝悌楷模傳：洪亮吉──每逢母親忌日終日不食〉（《中央日報》第十七版，1991 年 11 月 7 日）。

42. 漆永祥，〈乾嘉學術成因新探〉（《西北師大學報》第二期，1991 年，

43. 龔顯宗，〈一位學博才高的異人──介紹清代學者洪亮吉〉（《國文天地》七卷第十期，1992 年 3 月）。

44. 錢仲聯，〈清代學術評議〉（《蘇州大學學報》1992 年 4 月）。

45. 丁懷超，〈清代學術的哲學闡釋──評清代哲學〉（《哲學研究》1992 年 7 月）。

46. 余英時，〈曾國藩與「士大夫之學」〉（《故宮學術季刊》第十一卷第二期，1993 年冬季出版）。

47. 羅光，〈中國人的生死觀〉（《哲學與文化》二一卷第七期，1994 年 7 月）。

48. 呂祝義，〈中國人的命運觀〉（《中國文化月刊》1995 年 11 月）。

49. 白新良，〈乾隆皇帝和乾嘉學派〉（《南開學報》）。

50. 李威熊，〈清代吳派經學評述〉（《中華學苑》第三十六期）。

51. 李威熊，〈乾嘉之學在學術史上的地位〉（《中國文哲研究通訊》四卷第一期）。

52. 杜維運，〈清乾嘉時代流行於知識份子間的隱退思想〉（《國立政治大學歷史學報》第七期）。

53. 杜維運，〈清盛世的學術工作與考據學的發展〉（《大陸雜誌》第二十八卷第九期）。

54. 孫毓棠、張寄謙，〈清代的墾田與丁口的記錄〉（《清史論叢》）。

55. 鄭曉江，〈論儒家的生死觀〉（《孔孟月刊》三二卷第一期）。

56. 李華，〈清代前期賦役制度的改革──從盛世「滋生人丁永不加賦」到攤丁入畝〉（《清史論叢》）。

57. 郭松義，〈清代的人口增長和人口流遷〉（《清史論叢》）。

58. 郭松義，〈論「攤丁入畝」〉（《清史論叢》）。